Religión
Católica
4º ESO
inspira

AUTORES
Antonio Ricardo Alonso Amez
Sergio Calleja Muñoz
Ana Isabel Gómez Villalba
Carlos Sánchez Camacho

Texto aprobado por la Conferencia Episcopal Española con fecha 14 de mayo de 2021

EDELVIVES

ASÍ ES ESTE LIBRO
INSPIRA

Este libro es solo una herramienta, pero el verdadero **protagonista** de tu aprendizaje vas a ser tú. No solo aprenderás contenidos, sino que queremos ofrecerte claves inspiradoras para tu vida. Te invitamos a **vivir una experiencia.** ¿Estás dispuesto a comenzar el camino?

FORTALEZA PERSONAL

Descubrirás diferentes fortalezas personales que, iluminadas a la luz de la Palabra, te ayudarán a afrontar tu día a día y, con ello, a mejorar la realidad que te rodea.

En cada fortaleza te proponemos un reto en el que descubrirás claves para entrenarte, capacitarte y para que puedas crecer. ¿Te atreves? No dudes de que, en la medida que trabajes tus fortalezas, serás una persona más feliz, más plena y más llena de sentido.

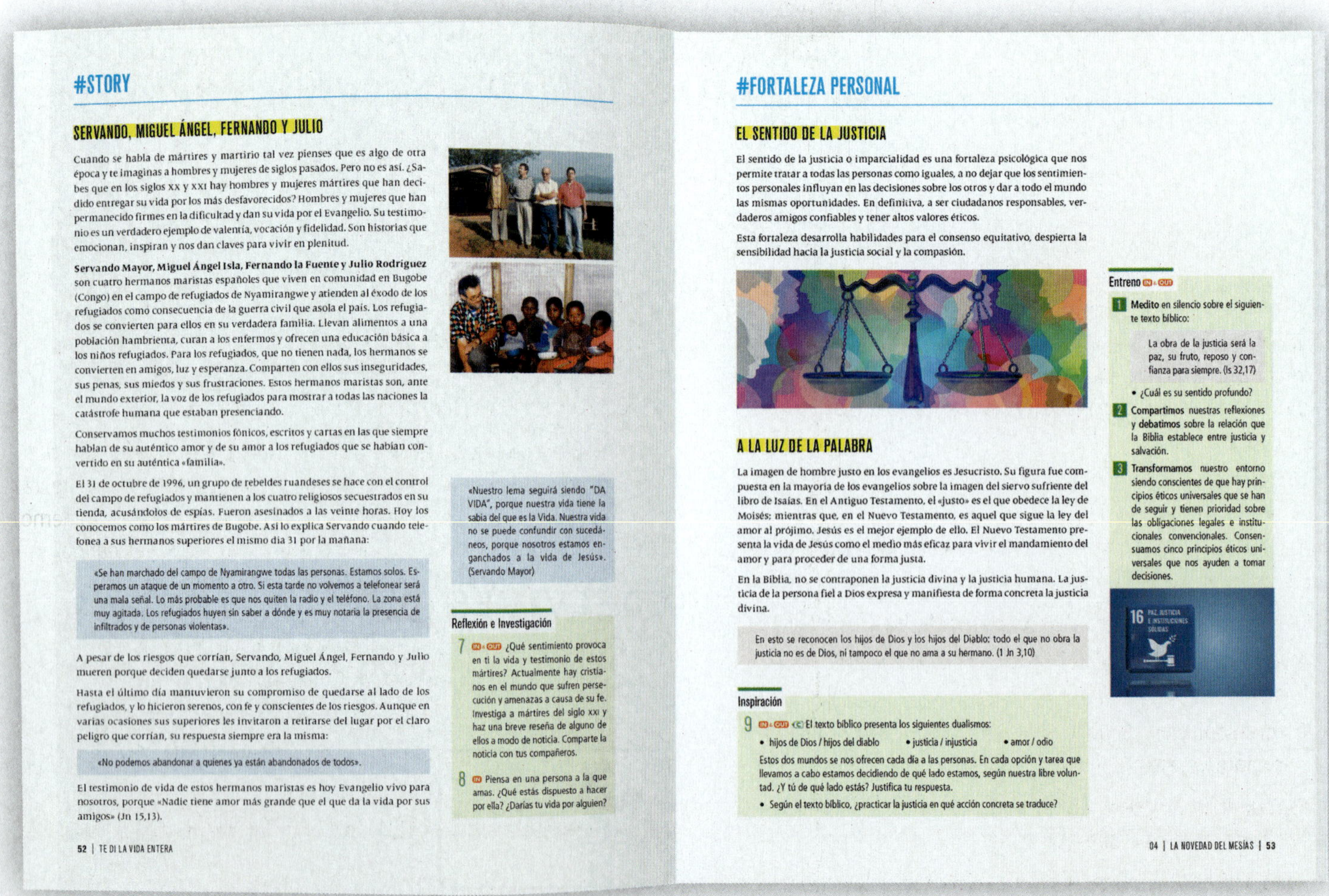

#STORY

SERVANDO, MIGUEL ÁNGEL, FERNANDO Y JULIO

Cuando se habla de mártires y martirio tal vez pienses que es algo de otra época y te imaginas a hombres y mujeres de siglos pasados. Pero no es así. ¿Sabes que en los siglos XX y XXI hay hombres y mujeres mártires que han decidido entregar su vida por los más desfavorecidos? Hombres y mujeres que han permanecido firmes en la dificultad y dan su vida por el Evangelio. Su testimonio es un verdadero ejemplo de valentía, vocación y fidelidad. Son historias que emocionan, inspiran y nos dan claves para vivir en plenitud.

Servando Mayor, Miguel Ángel Isla, Fernando la Fuente y Julio Rodríguez son cuatro hermanos maristas españoles que viven en comunidad en Bugobe (Congo) en el campo de refugiados de Nyamirangwe y atienden al éxodo de los refugiados como consecuencia de la guerra civil que asola el país. Los refugiados se convierten para ellos en su verdadera familia. Llevan alimentos a una población hambrienta, curan a los enfermos y ofrecen una educación básica a los niños refugiados. Para los refugiados, que no tienen nada, los hermanos se convierten en amigos, luz y esperanza. Comparten con ellos sus inseguridades, sus penas, sus miedos y sus frustraciones. Estos hermanos maristas son, ante el mundo exterior, la voz de los refugiados para mostrar a todas las naciones la catástrofe humana que estaban presenciando.

Conservamos muchos testimonios fónicos, escritos y cartas en las que siempre hablan de su auténtico amor y de su amor a los refugiados que se habían convertido en su auténtica «familia».

El 31 de octubre de 1996, un grupo de rebeldes ruandeses se hace con el control del campo de refugiados y mantienen a los cuatro religiosos secuestrados en su tienda, acusándolos de espías. Fueron asesinados a las veinte horas. Hoy los conocemos como los mártires de Bugobe. Así lo explica Servando cuando telefonea a sus hermanos superiores el mismo día 31 por la mañana:

«Se han marchado del campo de Nyamirangwe todas las personas. Estamos solos. Esperamos un ataque de un momento a otro. Si esta tarde no volvemos a telefonear será una mala señal. Lo más probable es que nos quiten la radio y el teléfono. La zona está muy agitada. Los refugiados huyen sin saber a dónde y es muy notaria la presencia de infiltrados y de personas violentas».

A pesar de los riesgos que corrían, Servando, Miguel Ángel, Fernando y Julio mueren porque deciden quedarse junto a los refugiados.

Hasta el último día mantuvieron su compromiso de quedarse al lado de los refugiados, y lo hicieron serenos, con fe y conscientes de los riesgos. Aunque en varias ocasiones sus superiores les invitaron a retirarse del lugar por el claro peligro que corrían, su respuesta siempre era la misma:

«No podemos abandonar a quienes ya están abandonados de todos».

El testimonio de vida de estos hermanos maristas es hoy Evangelio vivo para nosotros, porque «Nadie tiene amor más grande que el que da la vida por sus amigos» (Jn 15,13).

«Nuestro lema seguirá siendo "DA VIDA", porque nuestra vida tiene la sabia del que es la Vida. Nuestra vida no se puede confundir con sucedáneos, porque nosotros estamos enganchados a la vida de Jesús». (Servando Mayor)

Reflexión e Investigación

7 IN · OUT ¿Qué sentimiento provoca en ti la vida y testimonio de estos mártires? Actualmente hay cristianos en el mundo que sufren persecución y amenazas a causa de su fe. Investiga a mártires del siglo XXI y haz una breve reseña de alguno de ellos a modo de noticia. Comparte la noticia con tus compañeros.

8 IN Piensa en una persona a la que amas. ¿Qué estás dispuesto a hacer por ella? ¿Darías tu vida por alguien?

52 | TE DI LA VIDA ENTERA

#FORTALEZA PERSONAL

EL SENTIDO DE LA JUSTICIA

El sentido de la justicia o imparcialidad es una fortaleza psicológica que nos permite tratar a todas las personas como iguales, a no dejar que los sentimientos personales influyan en las decisiones sobre los otros y dar a todo el mundo las mismas oportunidades. En definitiva, a ser ciudadanos responsables, verdaderos amigos confiables y tener altos valores éticos.

Esta fortaleza desarrolla habilidades para el consenso equitativo, despierta la sensibilidad hacia la justicia social y la compasión.

A LA LUZ DE LA PALABRA

La imagen de hombre justo en los evangelios es Jesucristo. Su figura fue compuesta en la mayoría de los evangelios sobre la imagen del siervo sufriente del libro de Isaías. En el Antiguo Testamento, el «justo» es el que obedece la ley de Moisés; mientras que, en el Nuevo Testamento, es aquel que sigue la ley del amor al prójimo. Jesús es el mejor ejemplo de ello. El Nuevo Testamento presenta la vida de Jesús como el medio más eficaz para vivir el mandamiento del amor y para proceder de una forma justa.

En la Biblia, no se contraponen la justicia divina y la justicia humana. La justicia de la persona fiel a Dios expresa y manifiesta de forma concreta la justicia divina.

En esto se reconocen los hijos de Dios y los hijos del Diablo: todo el que no obra la justicia no es de Dios, ni tampoco el que no ama a su hermano. (1 Jn 3,10)

Inspiración

9 IN · OUT C El texto bíblico presenta los siguientes dualismos:

- hijos de Dios / hijos del diablo
- justicia / injusticia
- amor / odio

Estos dos mundos se nos ofrecen cada día a las personas. En cada opción y tarea que llevamos a cabo estamos decidiendo de qué lado estamos, según nuestra libre voluntad. ¿Y tú de qué lado estás? Justifica tu respuesta.

- Según el texto bíblico, ¿practicar la justicia en qué acción concreta se traduce?

Entreno IN · OUT

1 **Medito** en silencio sobre el siguiente texto bíblico:

La obra de la justicia será la paz, su fruto, reposo y confianza para siempre. (Is 32,17)

- ¿Cuál es su sentido profundo?

2 **Compartimos** nuestras reflexiones y **debatimos** sobre la relación que la Biblia establece entre justicia y salvación.

3 **Transformamos** nuestro entorno siendo conscientes de que hay principios éticos universales que se han de seguir y tienen prioridad sobre las obligaciones legales e institucionales convencionales. Consensuamos cinco principios éticos universales que nos ayuden a tomar decisiones.

16 PAZ, JUSTICIA E INSTITUCIONES SÓLIDAS

04 | LA NOVEDAD DEL MESÍAS | 53

Como ciudadano del siglo XXI tienes el derecho de mejorar el mundo, porque cuando das lo que eres, tu entorno mejora. Habrá muchos momentos para reflexionar con tus compañeros, para compartir experiencias y sentimientos, para aprender y construir juntos.

En este libro te encontrarás herramientas de capacitación muy sugerentes y diseñadas para ti, elementos que te ayudarán en tu experiencia de aprendizaje.

- Puesto que somos seres simbólicos descubrirás el verdadero sentido y significado de diferentes **símbolos** centenarios y siempre actuales.
- Porque somos en las palabras, también descubrirás diferentes **etimologías** para entender el significado profundo de ellas.
- Descubrirás en los **rincones interdisciplinares** que la religión, la ciencia y las artes caminan juntas.
- Los **textos de la Iglesia** orientarán el recorrido que vas a realizar.

En las ***stories*** conocerás a hombres y mujeres de ayer y de hoy para comprobar que la Palabra de Dios, la Buena Noticia, es algo vivo, fresco, que tiene actualidad y utilidad en tu vida.

Sin duda, todo esto te servirá para que tú elijas tu propio recorrido e INSPIRARTE. Lleva siempre contigo el **cuaderno INSPÍRATE**, te irá indicando las etapas recorridas y los retos superados. Este cuaderno te ayudará a ser creativo y a reconocer los pasos que vas dando. Dejarás constancia de las experiencias y reflexiones aprendidas en el viaje del que tú eres el auténtico protagonista. **Déjate sorprender.** Y **no pierdas el rumbo** en este viaje para encontrarte, para inspirarte y para encontrarle.

> *Id a los caminos y mirad, preguntad cuáles son los viejos senderos, cuál es la buena senda; tomadla y hallaréis la paz de vuestras almas. (Jer 6,16)*

Has comenzado un viaje que, sin duda, merecerá la pena.

LO QUE VAMOS A APRENDER

INSPIRA

RELIGIÓN CATÓLICA

01 CITA CON LO SAGRADO

02 RELIGIONES REVELADAS

03 EL DIOS DE LA ALIANZA

04 LA NOVEDAD DEL MESÍAS

05 LOS MILAGROS DE JESÚS

06 LA LLAMADA

07 LA RESPUESTA

08 LA REVOLUCIÓN DEL AMOR

01 CITA CON LO SAGRADO

EL CONOCIMIENTO PROFUNDO
de las RELIGIONES PERMITE
DERRIBAR las BARRERAS
que las SEPARAN

MAHATMA GANDHI

OUT

Hola, Eva:

¿Cómo estás? ¿Qué tal va todo por allí?

Hace mucho que no escribo una carta. Creo que la última vez fue en primaria, cuando les escribimos a niños de otro colegio. ¿Te acuerdas? Pero me apetecía escribirte y enviarte un **mala** por tu cumpleaños.

Hoy hace justo un año que me vine a la India. Como te dije por WhatsApp, ahora vivimos en Kushinagar. Es una ciudad pequeña y me gusta más que Delhi, vivimos más tranquilos. Un año, Eva, un año… Me acuerdo cuando te dije que trasladaban a mi padre a la India y nos íbamos a vivir allí. No fue fácil y sigue sin serlo, aquí todo es muy diferente. A veces echo mucho de menos aquello.

¿Qué tal habéis comenzado el curso? ¿Hay gente nueva? Ya me dijo Pablo que se iba del instituto, supongo que le echaréis de menos. ¿Qué profesores tenéis este año? ¿Quién es vuestro tutor? Espero que te guste el **mala**. Últimamente le estoy dando muchas vueltas al tema de la religión. Aquí la mayoritaria es el hinduismo, pero a Kushinagar peregrinan muchos budistas, y el mala es muy importante para ellos. Entrar en contacto con estas religiones me está haciendo plantearme muchas cosas.

Bueno, que no te quiero rayar con este tema, que bastante me estoy rayando yo. Hablamos un día de estos y te cuento.

Recuerdos a todos y besos para ti.

Jaime

IN

La carta de Jaime me ha dejado descolocada y me ha suscitado miles de preguntas.

Y el mala me ha gustado mucho, pero no sé qué es.

Lo he buscado en internet y, aunque parece un simple collar, encierra un significado mucho más profundo. Está formado por 108 cuentas esféricas ensartadas en un hilo y se utiliza en el budismo y el hinduismo desde hace cientos de años para no perderse mientras se realizan las meditaciones. Me recuerda al rosario de mi abuela. Además, también he visto que algunas personas utilizan un rosario a modo de collar.

En sus cartas, Jaime siempre me cuenta curiosidades y costumbres de la India, pero nunca hablamos de la religión, y me he dado cuenta de que no sé nada sobre el budismo y el hinduismo. ¿Quién es Buda? ¿Tiene algo que ver Buda con Dios? ¿Quién es el dios del hinduismo? ¿Existen muchos dioses? ¿En qué se parecen el budismo y el hinduismo? ¿Todas las religiones tienen los mismos elementos? ¿Por qué existen distintas religiones?…

Tampoco había oído hablar de Kushinagar. ¿Qué tiene de especial esa ciudad? ¿Por qué dice Jaime que muchos budistas peregrinan allí? ¿Es Kushinagar para los budistas como Santiago de Compostela para los cristianos? … A lo mejor, en el fondo no son tan distintas las diferentes religiones. ¿O sí?

Parinirvana Stupa, templo budista en Kushinagar (India). Se dice que es el lugar de la muerte de Buda Gautama, el fundador del budismo.

1 QUÉ ES LA RELIGIÓN

1.1 CAMINO HACIA LO INCOMPRENSIBLE

¿Quiénes somos? ¿De dónde venimos? ¿Adónde vamos? Estas preguntas se las hace el ser humano desde que existe. Nosotros, aquí y ahora, seguimos buscando respuestas al Misterio, a lo incomprensible. Mujeres y hombres de todas las épocas y lugares del mundo indagaron en todo ello, descubrieron algunas claves y sus ideas han dado respuestas que han llegado hasta nosotros, muchas veces, a través de las religiones. Pero ¿te has parado a pensar qué es una religión?

> La religión debe definirse como la cita del hombre con lo sagrado. El acto propiamente religioso constituye esa cita entre una presencia sagrada que sale de su ocultación y el hombre que, en calidad de testigo, da testimonio de ella.
>
> Eugenio Trías

La religión (de *re-ligare*) es la expresión de ese **«reencuentro»** o «reunión» del ser humano con el Misterio, con Dios. En ese acto en el cual se relacionan la presencia sagrada y el testigo tenemos todos los elementos que estructuran el fenómeno religioso: presencia de lo sagrado, testigo y testimonio.

1.2 ELEMENTOS DE LA RELIGIÓN

EL ÁMBITO DE LO SAGRADO

El ser humano no solo es capaz de hacer y de pensar, también es capaz de trascender, de ir hacia lo que no conoce. La persona trasciende el orden de lo material, de lo físico, de lo visible y superficial, para descubrir que la realidad está dotada de una profundidad y una esencia última que sostiene la vida misma. A esta profundidad la llamamos **ámbito de lo sagrado.** En aquellas realidades que vivimos como sagradas encontramos el fundamento de todo cuanto existe. **Sin esta experiencia no es posible la religión.**

#etimología

trascender

Del latín *transcendere* (de *trans*, 'más allá', y *scando*, 'escalar'). Significa pasar de un ámbito a otro atravesando el límite que los separa. Es la capacidad del ser humano de penetrar, comprender, averiguar algo que está oculto. Incluye además la idea de superación o superioridad.

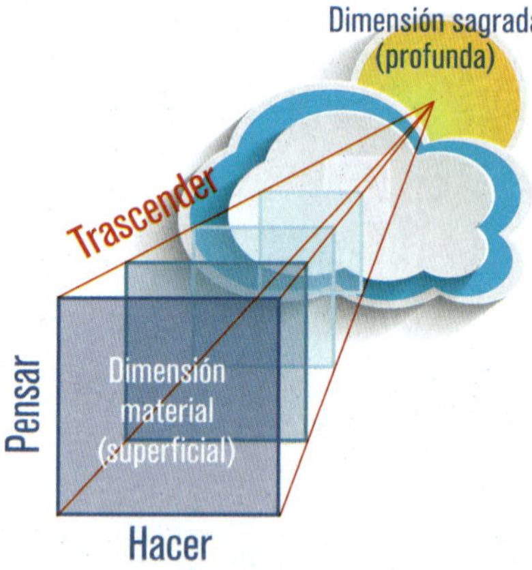

Análisis y Reflexión

1 IN & OUT C Observa un mapa de las religiones en el mundo y de cada religión investiga su número de seguidores y dónde está establecida.

- ¿Qué te llama la atención? ¿Por qué tantas personas en el mundo profesan alguna religión?

#interdisciplinar

Usamos la expresión **filosofía oriental** en contraste con la **filosofía occidental.** Aunque existen influencias entre ellas, son dos tradiciones filosóficas independientes. Una de las características más importantes de la filosofía oriental es su interpretación mística de la realidad y su estrecha relación con la religión. Entre los filósofos orientales más influyentes destacan los chinos **Lao Tse** (uno de los fundadores del taoísmo) y **Confucio** (fundador del confucionismo).

Confucio.

EL MISTERIO

> El Misterio es la realidad que se hace presente en lo sagrado. En sus diferentes formas de concebirse, es la realidad básica, última, definitiva para dar sentido a la existencia.

El Misterio es una presencia real, pero indemostrable. Es **«inefable»**, todo lo que se diga de él no es suficiente y ni siquiera es exacto. Nunca podremos reducirlo a un concepto, siempre está más allá, desborda nuestra comprensión.

En toda religión, el Misterio se vive como una realidad **salvífica,** superior y fascinante. Por un lado, el Misterio es vivido como **Suma Trascendencia:** es inalcanzable, está más allá de cualquier realidad visible y tangible. Y por otro, como **Suma Inmanencia:** es lo más interior al ser humano y a toda la realidad.

Nombres del Misterio	
cristianismo	Dios
judaísmo	Yahveh
islam	Alá
hinduismo	Brahman
budismo	Nirvana

LA ACTITUD RELIGIOSA

> La actitud religiosa hace referencia a la **reacción** que suscita en el ser humano la presencia del Misterio.

Teniendo en cuenta que en este encuentro el primer paso siempre es del Misterio, es el que toma la iniciativa, se pueden producir tres tipos de respuesta:

- **Rechazo** o negación del encuentro, causado por diferentes motivos. Por no encajar en el esquema mental previo, por miedo, por desconocimiento, por superficialidad...
- **Indiferencia** ante el encuentro. Una vida centrada en ámbitos más superficiales o poco sensible y experta ante realidades profundas puede ser la causa.
- **Acogida** del encuentro, el cual se acepta en la vida. Esta es la verdadera actitud o experiencia religiosa.

La experiencia religiosa tiende a ser una experiencia totalizante, se coloca en el centro vital del ser humano y afecta y penetra todas las dimensiones personales. Es una experiencia en la que el ego se debilita ante la fuerza de la realidad acogida, dando sentido a la vida y desarrollando objetivos que van más allá de uno mismo. No es una experiencia más, sino que es la experiencia que fundamenta la propia vida.

Reflexión

2 IN & OUT Reflexiona sobre el sentido profundo de cada una de las siguientes frases:

- «La religión está en el corazón y no en las rodillas». (Douglas William Jerrold)
- «Lo mismo que un árbol tiene una sola raíz y múltiples ramas y hojas, también hay una sola religión verdadera y perfecta, pero diversificada en numerosas ramas por intervención de los hombres». (Mahatma Gandhi)

LAS MEDIACIONES

> Las mediaciones son todas las realidades que las personas utilizan para relacionarse con el Misterio o como expresión de su encuentro con Él.

El lenguaje religioso es un lenguaje necesariamente **simbólico.** El símbolo «hace presente», evoca, transparenta, una realidad diferente, trascendente. Todo ser humano y toda sociedad usa sus propios símbolos.

Tipos de mediaciones	
Interpretativas	Mitos y relatos
Expresivas	Oración, rito
En tiempo y en espacio	Fiestas y templos
Éticas	Comportamientos que nacen de la experiencia religiosa
Sociales	Formas de organización social religiosa

2 HINDUISMO

2.1 ¿QUÉ ES?

El hinduismo es una de las religiones más antiguas y complejas que existen. En realidad, no es una religión establecida en un momento concreto por un fundador, sino que es una familia de religiosidades que se han ido desarrollando en la **India** desde el año 2000 a. C. hasta la actualidad.

Los hinduistas llaman a esta tradición religiosa **sanātana dharma** (religión eterna), porque creen que no tiene principio ni tendrá fin. Es un conjunto de creencias metafísicas, religiosas, y de cultos, costumbres y rituales que conforman una tradición en la que no existen órdenes sacerdotales que establezcan un dogma único ni una organización central.

En el mundo, el número de hinduistas es de unos 1150 millones de personas (más del 16 % de la humanidad). En la India, los hinduistas son el 80,5 % del total de la población.

2.2 DIOS Y DIOSES EN LA INDIA

¿En qué creen los hinduistas? ¿En un dios o en muchos dioses? ¿Son monoteístas o politeístas? Ni lo uno ni lo otro, sería meter a Dios en nuestra aritmética.

La tradición religiosa de la India enseña a creer en el Misterio de Dios más allá del número, las formas y los nombres. Los hinduistas creen en múltiples dioses, pero en una sola divinidad. Esto significa que no es una religión politeísta, sino **monista,** porque sus dioses son diferentes expresiones y aspectos de una única y misma divinidad.

El **Brahman** es la Realidad Absoluta sin nombre de todas las realidades. También los dioses, sean muchos, sean tres o uno, son formas del Brahman. Todos los nombres de los dioses son nombres del Innombrable. Pero a «Dios», el Brahman, no lo podemos expresar con una cifra ni con un nombre, ni un concepto ni una forma. Es todo el Ser de todos los seres, pero no es nada de cuanto es. Es toda la bondad y toda la belleza que vemos, aunque no es nada de lo que vemos.

El anciano maestro y los dioses

Una vez, un joven discípulo le preguntó a su viejo maestro:

—Maestro, ¿cuántos dioses hay?

—Trescientos treinta millones —le contestó el maestro.

Pasados unos días, el mismo discípulo le volvió a preguntar al maestro:

—Maestro, ¿cuántos dioses hay?

—Tres —le contestó el maestro.

Pasados unos días, el mismo discípulo le volvió a preguntar al maestro:

—Maestro, ¿cuántos dioses hay?

—Uno. El soplo. Ese es el Brahman —le contestó el maestro.

(Adaptación de un Upanishad de hace 2500 años)

#símbolo

El Om es el símbolo de lo esencial en el hinduismo. Significa unidad con lo supremo, la combinación de lo físico con lo espiritual.

El Om es la vibración original fuente del universo, es la sílaba sagrada, el primer sonido del Todopoderoso del que emergen todos los demás sonidos. Los tres sonidos que lo componen (se pronuncia *aum*) simbolizan la energía divina y sus tres aspectos: creación, preservación y destrucción.

2.3 UNIDAD ENTRE EL SER HUMANO Y SU ESENCIA DIVINA

El hinduismo afirma que el universo de lo visible y material **(maya)** es una ilusión. Detrás de este universo sensorial se encuentra lo único verdaderamente real: el océano sin límites de lo divino, llamado Brahman. Por ello, la práctica religiosa busca terminar con esta ilusión. El objetivo es encontrar la paz interior que permita liberarse de los ciclos de muerte y **reencarnación** (samsara) que se repiten uno tras otro.

La clave de esta creencia está en comprender que la separación entre el yo individual y el universo es una división falsa, una ilusión. El alma individual (Atman) no existe separada de la divinidad (Brahman). Al romper esta ilusión se logra la unidad con lo absoluto y se funde el yo con la divinidad. El alma individual se disuelve en lo único verdaderamente real: el Brahman.

El océano de Brahman y las olas (Atman).

2.4 CICLO DE REENCARNACIONES Y SISTEMA DE CASTAS

Lograr la fusión del Atman con el Brahman no se consigue en una sola existencia, sino que se extiende a lo largo de una serie de renacimientos que viene marcada por la ley del karma. El **karma** es la consecuencia de cada acción nuestra. Las acciones positivas generan una mayor cercanía a la liberación. Las acciones negativas atan más al ciclo de las reencarnaciones. De esta manera, somos lo que nos hemos construido en otras vidas. Cada ser humano ha nacido según su karma anterior, de manera que está en el lugar cósmico que se merece.

Con la ley del karma, la religiosidad hinduista ha logrado explicar el sistema de castas en el que se estratifica la sociedad de la India.

Sistema de castas

- Brahmanes: en el puesto más alto, son la clase sacerdotal del hinduismo.
- Ksatriyas: los caballeros, estamento nobiliario-militar.
- Vaisyas: comerciantes, artesanos y agricultores.
- Sudras: servidores sometidos a los tres anteriores.
- Parias o intocables: fuera de toda casta, son considerados impuros.

Templo Sri Ranganathaswamy (India).

2.5 CAMINOS DE LIBERACIÓN

Todas las prácticas y devociones propias del hinduismo tienen como finalidad que el fiel se libere del continuo ciclo de reencarnaciones. Para alcanzar esta liberación (moksa), el hinduismo propone tres caminos (mārga o yoga) que se asocian a las diferentes personalidades humanas y maneras de ver la vida.

Karma-yoga, la disciplina de la **acción.**	Jñāna-yoga, la unión por el **conocimiento**	Bhakti-yoga, la salvación por el **amor.**

Investigación

3 IN & OUT C Investiga sobre los espacios sagrados (templos de culto) del hinduismo y realiza una presentación.

4 IN & OUT C Investiga sobre los tiempos sagrados (fiestas religiosas) del hinduismo y realiza una presentación.

#STORY

TENZIN GYATSO

El protagonista de esta *story* es **Tenzin Gyatso.** Aunque él se define a sí mismo como «un simple monje budista» es el **dalái lama** número catorce.

Dalái lama

El dalái lama es el líder espiritual del budismo tibetano. Y, entre 1642 y 1959, era también el máximo dirigente de la administración central tibetana.

Dalái es una palabra mongola que significa 'océano' y *lama* es una palabra tibetana que significa 'maestro reencarnado' o 'gurú'. El dalái lama es el 'océano de sabiduría' y es la máxima autoridad política, moral y religiosa del Tíbet.

Según las creencias budistas, el actual lama es la **reencarnación de sus predecesores.** Es decir, no es una dinastía, ni es un cargo hereditario, sino que al morir cada dalái lama, los monjes del Monasterio Amarillo, interpretando una serie de signos, designan a su siguiente reencarnación en un niño de corta edad. En el intervalo de tiempo que transcurre entre la muerte de un lama y la mayoría de edad del siguiente, el Monasterio ejerce el poder designando a un regente, y también se ocupa de la educación del futuro lama.

Tenzin Gyatso nació en 1935 en el seno de una familia de agricultores y fue elegido dalái lama cuando tenía dos años. En 1959, el gobierno chino invadió la región de Tíbet y se tuvo que exiliar. Desde entonces vive en Dharamsala, en el norte de la India.

Los mensajes de Tenzin Gyatso son de compasión, no violencia y altruismo y siempre ha apostado por la búsqueda de la paz y el respeto mutuo entre las culturas. Ha participado en muchos eventos promoviendo la armonía y el entendimiento entre las religiones.

El 10 de diciembre de 1989 se le concede el Premio Nobel de la Paz por su lucha pacífica para la liberación del Tíbet. El dalái lama se mantiene firme en su postura de no violencia incluso frente a agresiones extremas, es un hombre de paz. Además, tiene un enorme apoyo internacional y ha mantenido diálogos y encuentros con figuras internacionales como Indira Gandhi, el papa Juan Pablo II, el también premio nobel de la Paz Nelson Mandela o el expresidente de los EE. UU. Barack Obama.

«Cada día, cuando te despiertes, piensa: hoy me siento afortunado de estar vivo, tengo una preciosa vida humana, no voy a desperdiciarla».

«Aunque haya religiones diferentes, debido a distintas culturas, lo importante es que todas coincidan en su objetivo principal: ser buena persona y ayudar a los demás».

«Solo hay dos días en el año en que nada se puede hacer. Uno se llama *ayer* y el otro se llama *mañana*. Hoy es el día adecuado para amar, crecer y, sobre todo, vivir».

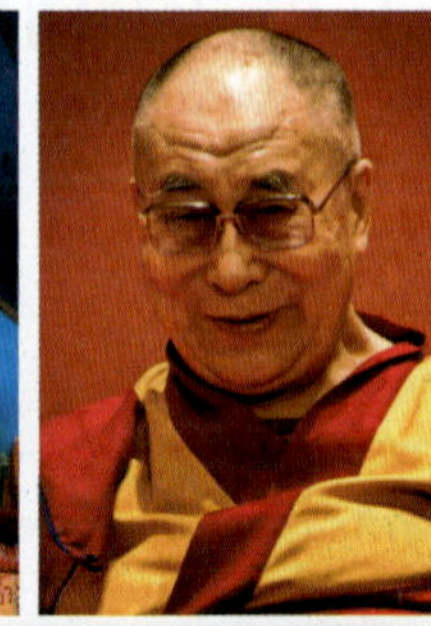

El dalái lama y Juan Pablo II durante una audiencia en el Vaticano (28 de septiembre de 1982).

Profundización y Reflexión

5 IN & OUT Busca en YouTube el vídeo del Homenaje biográfico en el 82 aniversario del dalái lama (también puedes acceder a través del código QR) y, a continuación, contesta a las siguientes preguntas:

- ¿Qué es lo que más te llama la atención?
- ¿Crees que Tenzin Gyatso puede ser una de las personas más influyentes en el siglo XXI? Justifica tu respuesta.

6 IN ¿Qué enseñanzas del dalái lama te parecen interesantes para aplicar a tu vida?

#FORTALEZA PERSONAL

LA PRUDENCIA

La prudencia es una de las fortalezas cognitivas englobadas en la virtud de la templanza. Es una orientación hacia nuestro futuro personal, una forma de razonamiento práctico y autogestión que ayuda a lograr los objetivos individuales a largo plazo de manera eficaz.

Las personas prudentes son previsoras y tienen en cuenta las consecuencias de sus acciones y decisiones. Resisten con éxito los impulsos de expresarse o de hacer ciertas elecciones que satisfacen metas a corto plazo, a la expectativa de lograr metas a largo plazo. Estas personas tienen un enfoque flexible y moderado de la vida. Y luchan por el equilibrio entre sus objetivos y sus metas.

Entreno IN & OUT

1. **Identifico** las situaciones en que he actuado impulsivamente, dando una respuesta inadecuada, brusca o desafortunada.
2. **Compartimos** estas situaciones y las consecuencias que tuvo nuestra actitud en esos momentos.
3. **Transformamos** sugiriendo otras respuestas más favorables o asertivas que pudieran mejorar las situaciones vividas. ¿Cómo repercutirían estas nuevas respuestas en cada situación?

A LA LUZ DE LA PALABRA

Hay fortalezas personales que son auténticas joyas que nos adornan. Son esos rasgos especiales de nuestra personalidad que irradian de lo profundo de nuestro ser, de nuestras convicciones y de nuestra cercanía a Dios. Esas características actúan como imanes que atraen a los demás haciéndoles sentir tranquilos y a gusto a nuestro lado.

Esto es lo que sucede con la prudencia y la discreción. Decimos que una persona es prudente y discreta cuando se comporta con sensatez, con sensibilidad y es cautelosa al emitir juicios. Ese es el tipo de conducta que agrada a Dios y que beneficia nuestra vida porque nos ayuda a vivir en paz con nosotros mismos, ante Dios y ante los demás.

> Hijo mío, no las pierdas de vista, conserva la prudencia y la reflexión: serán ellas tu aliento vital, serán el adorno de tu cuerpo. Así caminarás confiado y no tropezará tu pie. Podrás descansar sin temor, dormir con un sueño relajado. No temerás el terror repentino ni el ataque de los malvados cuando llegue, pues el Señor estará a tu lado y librará tu pie de la trampa.
>
> Prov 3,21-26

Inspiración

7 IN & OUT C Lee con actitud meditativa el relato bíblico y reflexiona sobre su enseñanza.

- ¿Qué beneficios obtienen aquellas personas que se comportan con prudencia?

3 BUDISMO

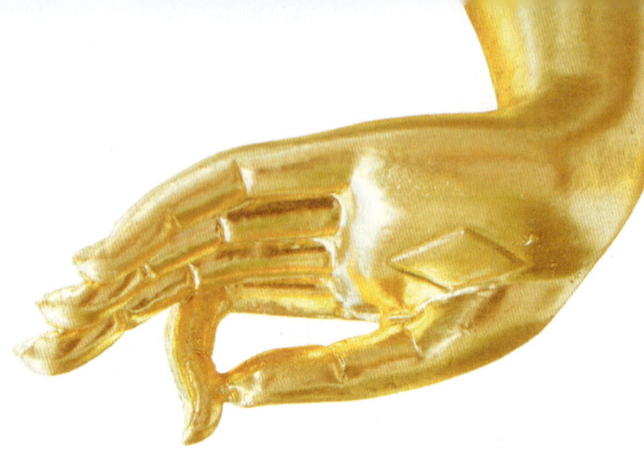

3.1 ORIGEN

El budismo nace en la India, en torno al siglo VI a. C. Esta fue una época en la que el hiper-ritualismo hinduista estaba entrando en crisis.

El budismo lo funda **Siddharta Gautama**, conocido como **Buda** (el iluminado). Siddharta vivió en el nordeste de la India entre los siglos VI-V a. C. Era hijo del rajá de Kapilavastu y fue educado como un príncipe. Se casó muy joven y tuvo un hijo. Vivió una juventud feliz rodeado de grandes lujos, pero notaba que le faltaba algo, por lo que inició una ferviente búsqueda de la verdad. Realizó tres viajes en los que vio el sufrimiento del mundo en un **anciano,** en un **enfermo** y en un **cortejo fúnebre.**

El encuentro con un monje mendicante le impactó de tal manera que decidió abandonar su vida de lujo y optar por una vida austera y ascética. Después de más de seis años de búsqueda, sentado bajo la higuera *Bodhi,* experimentó la **iluminación:** tomó conciencia de sus existencias anteriores, intuyó las causas que provocaron las sucesivas reencarnaciones y descubrió las cuatro nobles verdades.

A partir de ese momento, es cuando se convirtió en Buda. Durante más de cuarenta años predicó como maestro y guía. Murió en un bosque cercano a Kushinagar, rodeado de sus seguidores.

El budismo es la cuarta religión más importante del mundo con más de 500 millones de adeptos (el 7 % de la población mundial). Se extiende por gran parte del este de Asia.

3.2 CUATRO NOBLES VERDADES

Las cuatro nobles verdades están consideradas como el fundamento central de las enseñanzas de Buda. Su importancia se refleja en el hecho de que se encuentran presentes en todas las tradiciones o escuelas budistas.

1. **Dukkah.** El malestar en todas sus formas (dolor, sufrimiento, pena, aflicción, angustia, estrés) es inherente a la existencia en el mundo.
2. **Samudaya.** La causa de la infelicidad es el deseo, pues nos hace comprender erróneamente la realidad y, por tanto, sufrir.
3. **Nirodha.** Al determinar la causa del malestar de la existencia podemos exterminar esa causa, con lo cual, cesa su efecto. A esta salvación del sufrimiento se le llama **Nirvana.** Es el cese del dolor, el cese de la infelicidad. Es la paz mental absoluta, la felicidad constante por el fin total del sufrimiento. Es la posibilidad de la salvación, de salir de la temible rueda de los renacimientos.
4. **Marga.** Es el camino que conduce al cese de la infelicidad, es el óctuple sendero.

Investigación

8 OUT C Imagina que estás preparando un viaje para conocer mejor el budismo y a su fundador.

- ¿Qué cuatro lugares sagrados visitarías?
- ¿Dónde se encuentran?
- ¿Por qué son tan especiales para los budistas?

9 IN & OUT Investiga sobre los espacios sagrados (templos de culto) del budismo y realiza una presentación.

10 IN & OUT Investiga sobre los tiempos sagrados (fiestas religiosas) del budismo y realiza una presentación.

3.3 ÓCTUPLE SENDERO

El budismo es una **experiencia o camino de liberación** que conduce al ser humano a la paz definitiva, al Nirvana. Buda no se plantea el problema de Dios, sino del ser humano. El budismo no niega, entonces, la existencia de Dios, sino que considera esta discusión como secundaria. Para el budismo lo más importante es buscar los caminos de la liberación.

Tradicionalmente, el óctuple sendero se ha dividido en tres secciones.

La **práctica de la sabiduría** consiste en ser consciente de la realidad y plantarse ante ella en consecuencia.

1. Una **visión** adecuada. Todo es pasajero, nada hay definitivo. No debemos proyectar en la realidad nuestros deseos o nuestros miedos.
2. El **pensamiento** adecuado. Entender bien dónde estoy y adónde quiero ir.

La **práctica de la ética** consiste en vivir una disciplina moral acorde a la sabiduría, a lo que es la realidad y lo que en verdad somos.

3. La **expresión** adecuada. Que nuestra expresión nazca de actitudes positivas y genere actitudes positivas. Evitar mentir e insultar. Debemos practicar el uso solo de palabras veraces, amables y discretas.
4. La **actuación** adecuada. Evitar el mal y hacer el bien. Actuar por el bien de todos, con compasión. La ética budista insiste en que lo que brota de un corazón en camino siempre es benevolencia.
5. El **medio de vida** adecuado. Implica ejercer una profesión, una vida, con coherencia a las creencias propias sobre la salvación.

La práctica de la **meditación** consiste en meditar para intuir la verdad del camino según técnicas y medios adecuados para la vida cotidiana.

6. El **esfuerzo** adecuado. Concentrar las energías en la salvación, en la liberación del sufrimiento.
7. La **atención** adecuada. Practicar la atención plena para ser conscientes de que el presente es revelador, todo se vuelve nuevo.
8. La **concentración** adecuada. Practicar con constancia la meditación. El objetivo es concentrar el espíritu, serenarlo, clarificarlo.

Pagoda Shwedagon en Myanmar.

Rueda de samsara.

#enseñanzadelaiglesia

Los hombres esperan de las diversas religiones la respuesta a los enigmas recónditos de la condición humana, que hoy como ayer, conmueven íntimamente su corazón: ¿Qué es el hombre, cuál es el sentido y el fin de nuestra vida, el bien y el pecado, el origen y el fin del dolor, el camino para conseguir la verdadera felicidad, la muerte, el juicio, la sanción después de la muerte? ¿Cuál es, finalmente, aquel último e inefable misterio que envuelve nuestra existencia, del cual procedemos y hacia donde nos dirigimos?

Declaración *Nostra Aetate* sobre las relaciones de la Iglesia con las religiones no cristianas (1c)

PRÁCTICA

01 CITA CON LO SAGRADO

1 *Visual Thinking*

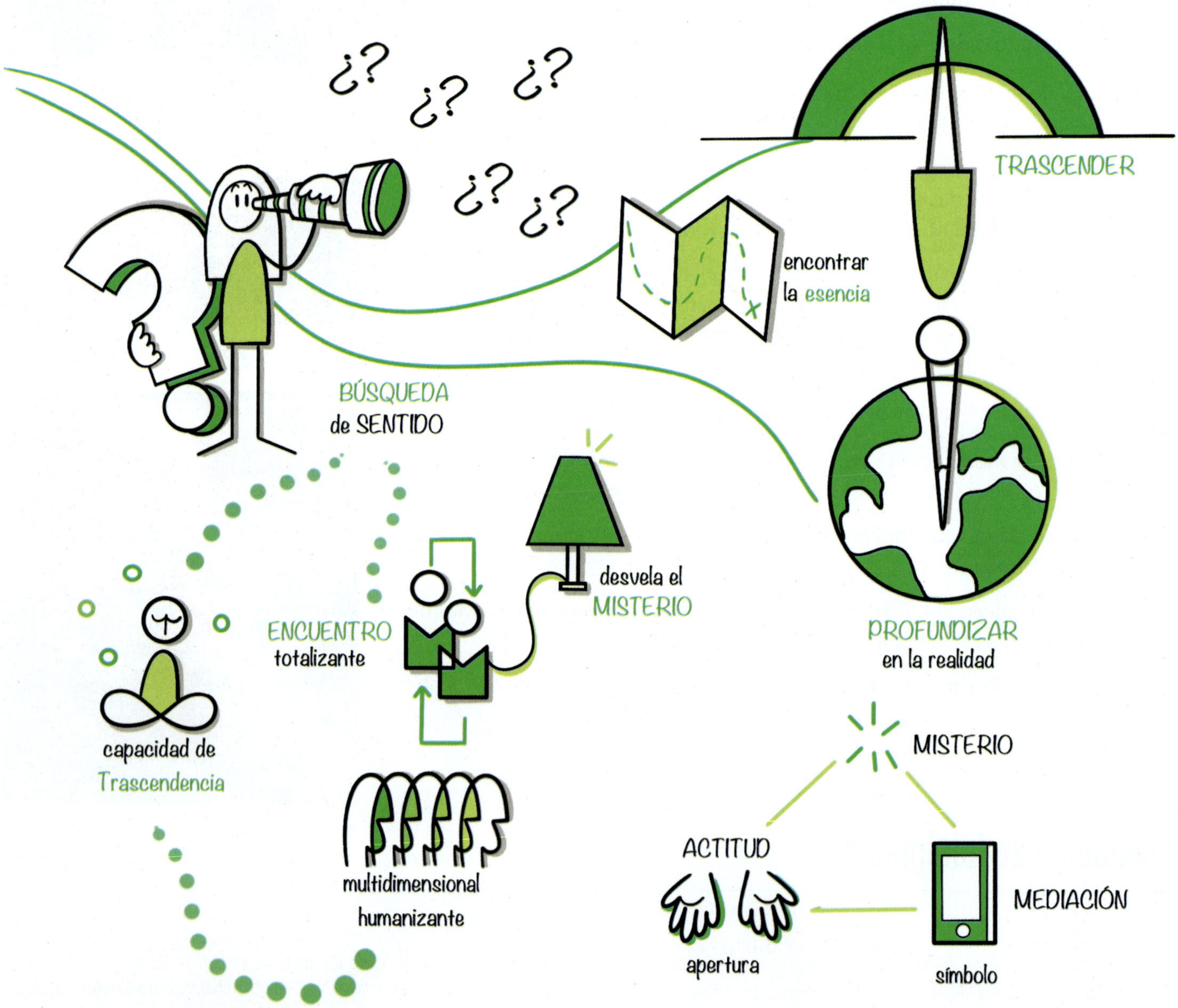

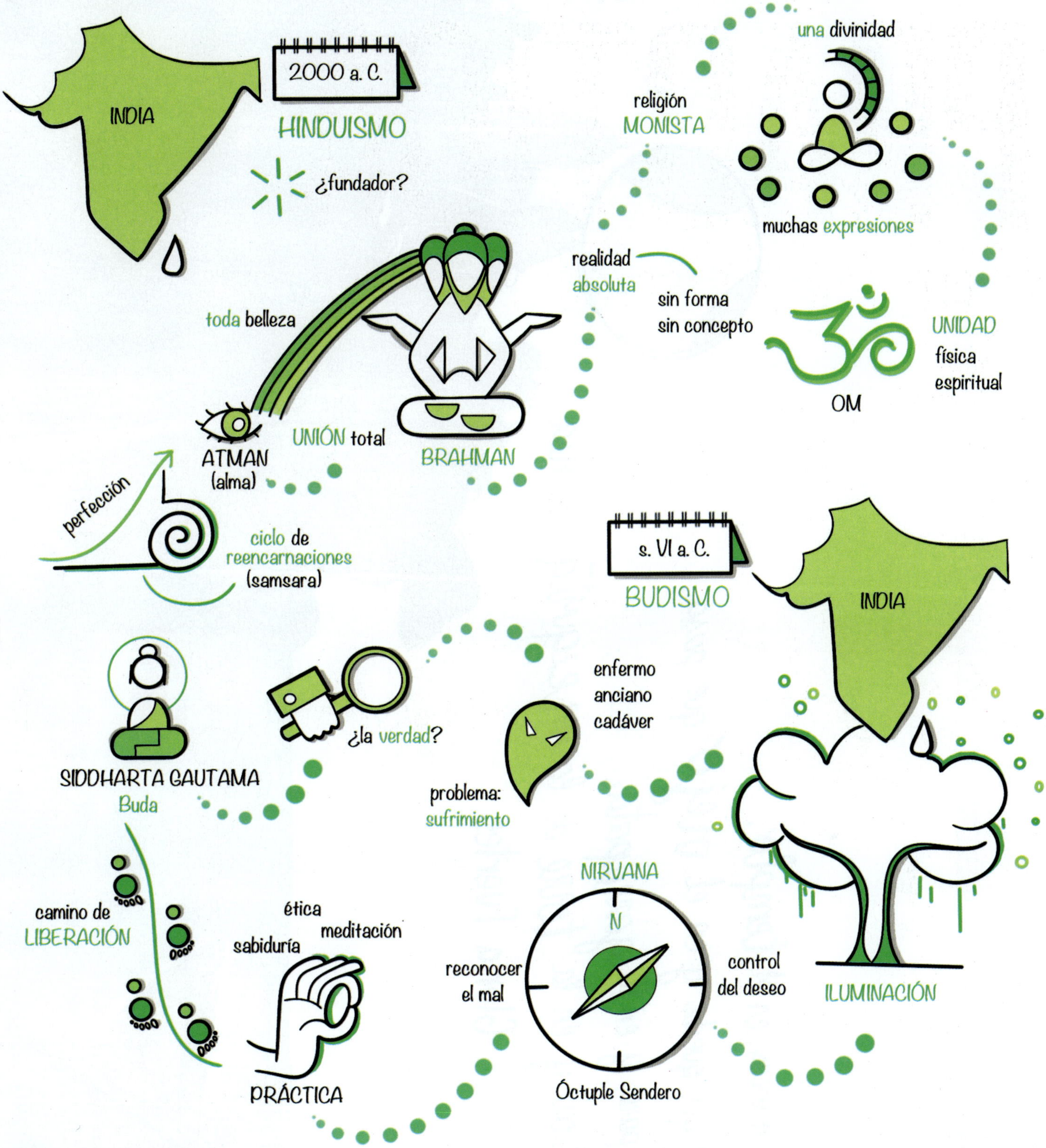

2 Metacognición C

1 Analizo y reflexiono sobre lo aprendido en esta unidad.

1. ¿Qué he aprendido y qué he sentido?

2. ¿Con qué dos ideas resumiría el hinduismo? ¿Y el budismo?

3. ¿Con qué imagen representaría a cada una de estas religiones?

4. ¿Qué pregunta haría a un hinduista? ¿Y a un budista?

02 RELIGIONES REVELADAS

Dios está en el mar, a veces, en el templo.
Dios está en el dolor que queda y en el viejo que pasa,
en la madre que pare y en la garrapata,
en la mujer pública y en la torre de la mezquita blanca

Gloria Fuertes

OUT Para Eva. Es un trocito de una canción de Jorge Drexler. Espero que te guste.

Y a nadie le di permiso
para matar en mi nombre.
Un hombre no es más que un hombre.
Y si hay dios, así lo quiso.
El mismo suelo que piso
seguirá, yo me habré ido
rumbo también del olvido.
No hay doctrina que no vaya,
y no hay pueblo que no se haya
creído el pueblo elegido.

«Milonga del moro judío»
(Jorge Drexler)

IN Hoy hemos ido de excursión con el profesor de historia del instituto. No ha sido nada del otro mundo, pero por lo menos hemos salido de la rutina de las clases. Hemos recorrido el barrio judío, hemos visitado la catedral y hemos entrado a una iglesia por la que había pasado millones de veces, pero que no sabía que antes había sido una sinagoga. Me ha resultado muy curioso caer en la cuenta de que durante un tiempo cristianos, judíos y musulmanes convivían en mi ciudad.

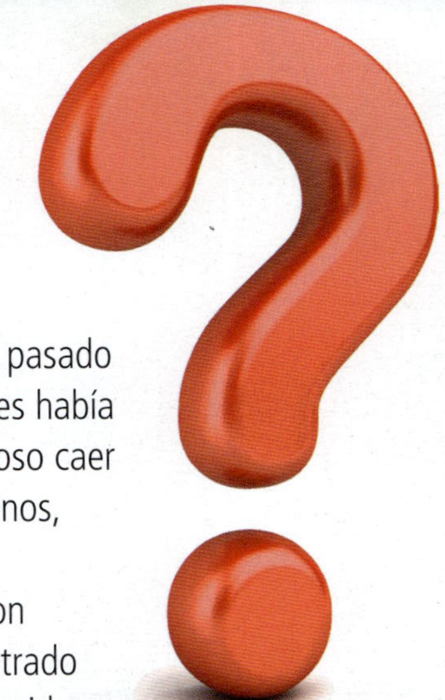

Al llegar a casa, agotada por la caminata y con cientos de pájaros en la cabeza, me he encontrado esa nota escrita a mano que alguien habrá metido en mi mochila... Pero ¿quién?, y ¿por qué?

Por si no tenía bastante con el budismo y el hinduismo, ahora me surgen más interrogantes que me descolocan y no sé responder. ¿Hay lugar en el mundo para tantas religiones? ¿Solo una es la verdadera? Yo ya sabía que Jesús era judío, pero entonces ¿por qué yo no soy judía? Si hubiese nacido en otro país, en otra cultura y en otra familia, ¿sería cristiana? ¿Realmente he decido yo ser cristiana? ¿Qué relación existe entre el judaísmo, el cristianismo y el islam? Nunca he hablado con el nuevo compañero árabe que vino el año pasado al instituto, ¿será musulmán o cristiano? ¿Todos los árabes son musulmanes? ¿Y si ha sido él quien me ha dejado esta nota? Siento que me quedan tantas cosas por aprender...

1 JUDAÍSMO, UNA RELIGIÓN DE LEY

Las tres principales religiones monoteístas por orden cronológico de aparición son el judaísmo, el cristianismo y el islam. Las tres religiones, también llamadas religiones reveladas, tienen su origen en un mismo marco geográfico: Oriente Próximo. Y en una misma persona: el patriarca Abrahán.

El judaísmo cuenta con más de 15 millones de fieles.

Las ramas del judaísmo son las siguientes: ortodoxa, reformista, conservadora, reconstruccionista, caraíta, jasídica y rabínica.

1.1 YAHVEH: UN DIOS ÚNICO QUE SE REVELA

DIOS SE REVELA COMO CREADOR

Desde el comienzo de los tiempos, el ser humano ha percibido la grandeza de la naturaleza y se ha preguntado sobre sus orígenes. La creación visible da testimonio de la existencia de Dios Creador (Sal 19,2). Dios se revela en su creación y las personas pueden reconocerlo.

El cielo proclama la gloria de Dios, el firmamento pregona la obra de sus manos. (Sal 19,2)

DIOS SE REVELA PROGRESIVAMENTE EN LA HISTORIA

Dios se hace presente en los acontecimientos históricos. El pueblo judío descubre al Dios trascendente en la trama de su historia. El Dios de los judíos, Yahveh, se va descubriendo como aquella voluntad original que crea el mundo y orienta el camino del pueblo judío, liberándole del sufrimiento.

Esta es la experiencia del pueblo de Israel, según testifica el Antiguo Testamento. Es la experiencia fundante de la que se nutren posteriormente las dos religiones históricas universales: el cristianismo y el islam.

1.2 UN PUEBLO ELEGIDO, UNA TIERRA PROMETIDA Y UNA LEY

El pueblo judío fue llamado a tener una relación especial con Dios. Esta elección del pueblo judío por Dios comenzó con Abrahán, con el que hizo una alianza: «Haré de ti una gran nación, te bendeciré» (Gén 12,2). Siglos más tarde, Dios renueva esta alianza a través de Moisés, al liberar al pueblo judío de la esclavitud de Egipto: «Os adoptaré como pueblo mío y seré vuestro Dios» (Éx 6,7). La liberación de la esclavitud ha sido el evento central de la salvación para el pueblo de Israel.

Además del éxodo de Egipto, hay dos acontecimientos de importancia decisiva:

- La promesa de que al pueblo de Dios le sería otorgada su propia tierra en Canaán.
- A través del pacto hecho en el monte de Sinaí, Dios da un conjunto de instrucciones y normas que orientan la vida de Israel: la Ley.

El pueblo judío fue llamado también a cumplir una misión particular: debía ser una «nación santa» que manifestara en su vida personal y social al Dios que lo había elegido y lo había liberado de la esclavitud de Egipto.

La Ley

La Ley, o la Torá, se encuentra en los cinco primeros libros de la Biblia (el Pentateuco). Estos mandatos cubren todo el ámbito de la vida del judío y están resumidos en los diez mandamientos. La Torá ocupa un lugar central en las Escrituras del pueblo judío y en su práctica religiosa, desde la época bíblica hasta la actualidad.

1.3 LA ACTITUD DE LA PERSONA CREYENTE

Dios se ha revelado en la historia ofreciendo su presencia salvadora a la humanidad. Pero ¿cuál es el elemento central de la experiencia religiosa del pueblo judío? ¿Cuál es el camino de salvación? El creyente judío trata de amar a Dios con todo su ser. Este amor se manifiesta en la obediencia práctica a la Ley que Dios ha dado a su pueblo elegido.

La **Halajá** es el cuerpo colectivo de reglas religiosas judías, extraídas de la Torá. Incluye 613 *mitzvot* o mandamientos. La Halajá guía no solo las creencias y prácticas religiosas, sino también numerosos aspectos de la vida cotidiana.

La palabra *halajá*, traducida como 'ley judía', deriva de una raíz que significa 'comportarse, caminar'. Por ello podemos traducirla más literalmente como 'la forma de comportarse' o 'la forma de caminar'.

El **Séder de Pésaj** es una cena familiar llena de simbolismo y de oraciones.

Muy relacionada con la Ley está la figura del rabino, que en hebreo significa 'maestro'. El rabino es el doctor de la Ley, quien la enseña, comenta y explica en la **sinagoga.** Los rabinos son los que representan a la comunidad judía allá donde se encuentren.

La fiesta más importante para los judíos es la **Pascua** o **Pésaj** ('salto' en hebreo). Se celebra en torno a la primera luna llena de la primavera —en el hemisferio norte—. En la antigüedad, la Pascua era una fiesta de pastores en la que se sacrificaba un cordero como ofrenda para pedir fecundidad y para celebrar el paso del invierno a la primavera. Luego pasó a ser la celebración de la liberación del pueblo judío de la esclavitud de Egipto relatada en el libro del Éxodo: es el momento en el que el pueblo judío y Moisés atraviesan el mar Rojo. El pueblo judío ve el relato de la salida de Egipto como el hito que marca la conciencia de los descendientes de Jacob, con su identidad entendida en términos de nación libre y provista de una Ley.

Análisis e Investigación

1 OUT Teniendo en cuenta la siguiente cita: Is 43,1-4, ¿qué características dirías que definen a Dios en el Antiguo Testamento?

2 IN & OUT C Investiga sobre los espacios sagrados del judaísmo y realiza una presentación.

3 IN & OUT C Además de la Pascua, investiga sobre los ritos y fiestas religiosas del judaísmo y realiza una presentación.

#símbolo

La **menorá** ('lámpara' en hebreo) es uno de los símbolos más importantes del judaísmo. Es un **candelabro** de aceite de **siete brazos** que representa la luz de Dios que se extiende hacia la humanidad. Según la tradición, la primera menorá fue fabricada con oro puro y fue instalada por Moisés en el **tabernáculo** (santuario móvil que representaba el espacio en el que se manifestaba la presencia de Dios en la tierra) y, más tarde, en el **Templo de Jerusalén.** La menorá iluminaba el Templo y era un objeto extremadamente sagrado. Hoy aparece en el escudo oficial del Estado de Israel.

2 CRISTIANISMO, UNA RELIGIÓN DE ENCUENTRO

La fe cristiana nace del **encuentro personal con Jesucristo.** No consiste tanto en la adhesión a unos contenidos doctrinales o a unas enseñanzas morales, como en la unión a una persona que tiene la capacidad de seducirnos y de proporcionar un nuevo horizonte a nuestra vida.

El cristianismo tiene su origen histórico en el judaísmo del siglo I d. C. Es la religión con más seguidores del mundo, con 2400 millones de fieles. Sus principales ramas son el catolicismo, el protestantismo y la ortodoxia.

2.1 DIOS HA DICHO TODO EN SU HIJO JESÚS

Cristo, el Hijo de Dios hecho hombre, es la **Palabra única,** perfecta e insuperable del Padre. En Él lo dice todo, no habrá otra palabra más que esta.

> En muchas ocasiones y de muchas maneras habló Dios antiguamente a los padres por los profetas. En esta etapa final, nos ha hablado por el Hijo. (Heb 1,1-2)

Jesús de Nazaret se identificaba a sí mismo como judío (Jn 4,22) y como el rey de los judíos (Mc 15,2). Desde su nacimiento hasta su última Pascua (Lc 22,14-15), Jesús vivió como un judío devoto.

La fe cristiana parte de un principio sencillo y esencial: **es Cristo quien nos revela a Dios.** Este Jesús que nació en Belén y que resucitó la noche de Pascua.

Dios se da a conocer en la medida que Él desea y que nosotros somos capaces de conocerle. Con Jesús se levanta un poco el «velo» tras el que se oculta Dios (Heb 10,19-21). El término «Dios» toma a partir de la venida de Jesús un sentido específico, más aún que en el Antiguo Testamento. No evoca una idea, ni una fuerza impersonal, ni una pregunta subyugante, sino a alguien, una **Persona.**

Los cristianos encuentran en Jesús al Hijo eterno que nos revela tanto a su Padre como a su Espíritu. Este es el **Misterio de la Santísima Trinidad.**

Si Jesús era judío, ¿por qué los cristianos no seguimos el judaísmo?

A través de un pacto sagrado con Moisés, Dios da unas leyes al pueblo de Israel y se le ordena obedecerlas. Pero este admirable pacto era solo una figura de un nuevo y mejor pacto que Dios un día daría a todo su pueblo, tanto judío como gentil.

Los cristianos no seguimos el judaísmo hoy porque el pacto con Moisés ha sido cumplido en Jesucristo y trascendido por Él. Ahora tenemos un mejor pacto, con un sacrificio definitivo, el de Jesús muerto y resucitado.

Gentil, en la Biblia, se refiere a la persona no judía, pagana o extranjera.

Análisis

4 IN & OUT Teniendo en cuenta la siguiente cita: Jn 15,9.12-15, ¿qué características dirías que definen a Dios en el Nuevo Testamento?

#enseñanzadelaiglesia

> Sin embargo, además de las divergencias doctrinales que hay que resolver, los cristianos no pueden minusvalorar el peso de las *incomprensiones* ancestrales que han heredado del pasado, de los *malentendidos* y *prejuicios* de los unos contra los otros. No pocas veces, además, *la inercia*, *la indiferencia* y un *insuficiente conocimiento recíproco* agravan estas situaciones. Por este motivo, el compromiso ecuménico debe basarse en la conversión de los corazones y en la oración.
>
> Juan Pablo II, Carta encíclica *Ut Unum Sint* sobre el empeño ecuménico

2.2 HIJOS DE DIOS

El gran proyecto que Dios nos propone es una alianza en la que Él se nos revela totalmente y en la que nos descubrimos no solamente como sus colaboradores felices, sino como sus hijas y sus hijos plenamente adultos, libres y agradecidos.

La fe cristiana es la **respuesta libre y confiada** a una Persona que nos invita a entregarle la vida y a estar disponibles para la misión porque nos ama con amor infinito. Dios toma la iniciativa, nos ama primero y sale a nuestro encuentro para mostrarnos su amor, para ofrecernos su perdón y para regalarnos la salvación. Nos invita a seguirle, nos atrae hacia sí por la acción del Espíritu Santo, que nos ilumina para poder dar una respuesta a esa invitación divina.

Este encuentro personal con Dios Padre, Hijo y Espíritu Santo **transforma el corazón** de las personas, se vive desde la profundidad, de ahí la importancia de la meditación de los textos sagrados y la oración. Pero la tradición cristiana enseña que la salvación, preparada por Dios en sus relaciones con el pueblo de Israel y realizada en plenitud por Jesucristo, no se fija solo en la interioridad, sino que abarca todas las dimensiones de la persona. Es la persona completa la que está llamada a salvarse y a **vivir en comunión** plena con Él y con todos los hermanos y hermanas. La fe cristiana, por tanto, se vive en comunidad.

La comunidad de los hijos e hijas de Dios es la **Iglesia.** Es una Iglesia **abierta al mundo,** que vive en el mundo. Los cristianos dan testimonio de su fe en Cristo en el ejercicio de la ciudadanía, colaborando en la construcción de un mundo más humano y fraterno. La misión del cristiano en el mundo es construir la **civilización del amor.**

Toda esta vivencia cristiana se expresa en la celebración litúrgica, en los sacramentos, en las fiestas. La celebración litúrgica, a su vez, alimenta y nutre la vida del cristiano. Para los cristianos, la **Pascua** también es la fiesta más importante de todo el año, ya que en ella se celebra el paso de Jesús de la muerte a la vida. El cristianismo adopta esta fiesta judía y la adapta, la transforma. La Pascua cristiana es la celebración de la resurrección de Jesús el domingo tras pasar tres días muerto para salvar a su pueblo.

Investigación

5 OUT Investiga la huella de la cultura judía o musulmana en tu ciudad. ¿Existe un barrio judío? ¿Hay iglesias que antes fueron mezquitas? ¿Qué ejemplos encuentras?

6 OUT Una de las fiestas más importantes del cristianismo es la Navidad. ¿Por qué se celebra el 25 de diciembre? Investiga sobre su origen.

#interdisciplinar

Durante la Edad Media, **en España convivieron las culturas cristiana, musulmana y judía.** Aunque hubo conflictos, podemos hablar de una convivencia pacífica a lo largo de muchos siglos que terminará en el siglo XV. Dio lugar a una población heterogénea: los **mozárabes** son cristianos que vivían en territorio musulmán sin renunciar a su religión, y los **mudéjares** son judíos y musulmanes que vivían en territorio cristiano. Son siglos de una extraordinaria riqueza y de intercambios culturales que nos demuestran que es posible el entendimiento entre distintas religiones y culturas. La huella de esta convivencia se puede ver hoy en la arquitectura, en las calles y en los monumentos religiosos de muchas ciudades.

Fachada mudéjar de la Catedral del Salvador, en Zaragoza. Esta catedral fue construida sobre la antigua mezquita.

#STORY

MALALA YOUSAFZAI

Malala Yousafzai nace el 12 de julio de 1997 en Mingora (Pakistán).

Con 13 años empieza a escribir un blog bajo pseudónimo en el que habla con valentía sobre **el derecho de las mujeres a la educación** y comparte sus miedos y esperanzas de poder seguir acudiendo a la escuela. Pronto, esta joven bloguera deja de ser anónima por la trascendencia de sus publicaciones y comienza a recibir amenazas de muerte por parte de los fundamentalistas radicales. Pero ella no se da por vencida, **sabe que su lucha merece la pena.**

Aunque en el islam no se prohíbe la educación de las mujeres, se estima que 3,3 millones de niñas menores de nueve años no forman parte del sistema educativo en Pakistán.

El 9 de octubre de 2012 su vida cambia. Ese día, Malala regresaba del colegio a su casa, cuando un talibán armado sube al autobús, la llama por su nombre y dispara contra ella. Una bala alcanza la cabeza de Malala.

El mundo entero se conmociona y los hospitales de todos los países ofrecen sus servicios a la valiente niña. Contra todo pronóstico, su recuperación es asombrosa; a mediados de octubre, Malala despierta de un coma inducido en Birmingham (Inglaterra).

> «Abrí los ojos y lo primero que vi fue que estaba en un hospital. Le agradecí a Dios por haberme dado una nueva vida».

Este atentado, en lugar de silenciar su voz, hace que su mensaje traspase todas las fronteras. Y Malala Yousafzai continúa comprometida con su lucha para que, en su país y en todo el mundo, las niñas tengan acceso a una educación gratuita y obligatoria.

Cuando cumple 16 años, lo celebra en la sede central de las Naciones Unidas en Nueva York con un discurso que emociona al mundo entero: **«Un niño, un maestro, un libro, un lápiz pueden cambiar el mundo»**, dice ante una multitud que la ovaciona de pie. Y en 2014, con solo 17 años, Malala Yousafzai recibe el **Premio Nobel de la Paz**, convirtiéndose en la persona más joven con este galardón. En su discurso al recibir el premio dice lo siguiente:

> «La gente habla de mí de diferentes maneras. Algunos me conocen como la niña a la que dispararon los talibanes. Otros, la joven que lucha por sus derechos. Hay quien me llama ahora la "laureada con el Nobel". Pero lo único que sé es que soy solo una persona comprometida y testaruda que quiere ver cómo todos los niños reciben educación de calidad, que quiere igualdad de derechos para las mujeres y que quiere paz en todos los rincones del mundo».

Malala inicia cada acto o conferencia con una conocida frase del Corán: *Bismillah ar Rahmanir Rahim* (En el Nombre de Dios el Clementísimo, el Misericordiosísimo). La voz de esta joven musulmana resuena en el mundo entero y se ha convertido en el símbolo de la lucha por el derecho a la educación.

Malala Yousafzai muestra la medalla y el diploma del Premio Nobel de la Paz en Oslo (Noruega), 10 de diciembre de 2014.

Malala Yousafzai en la sede de las Naciones Unidas en Nueva York (EE. UU.), 20 de septiembre de 2017.

Reflexión

7 IN & OUT C Contesta a las siguientes preguntas:

- ¿Te parece inspiradora la figura de Malala Yousafzai? ¿Por qué?
- Si tuvieras un blog, ¿sobre qué escribirías? ¿Cuál sería tu lucha?

#FORTALEZA PERSONAL

LA INTELIGENCIA SOCIAL

La inteligencia social o inteligencia emocional interpersonal está asociada a la virtud de la humanidad. Esta fortaleza determina nuestra capacidad para manejar las relaciones sociales de manera efectiva. Nos capacita para ser conscientes de las motivaciones y sentimientos tanto de nosotros mismos como de los demás. Nos ayuda a saber qué cosas son importantes para otras personas y cómo comportarnos en las diferentes situaciones sociales. En definitiva, despierta dos aptitudes clave: la empatía y las habilidades sociales.

La inteligencia social es necesaria para promover el trabajo en equipo para vivir en comunión.

A LA LUZ DE LA PALABRA

La Biblia nos invita a no reducir la inteligencia social o la empatía a una simple estrategia. La auténtica empatía implica sinceridad y es incompatible con una conducta impostada, que esconde los propios intereses. La inteligencia social es ser capaz de sentir con los demás. Para vivir la caridad, el amor, hay que comenzar reconociendo en el otro a alguien digno de consideración, y ponerse en sus circunstancias. Se evitarían muchos problemas si nos esforzásemos por comprender lo que sucede en el interior de los demás, sus ideales, sus esperanzas. Unida al amor, la inteligencia social contribuye a fomentar la comunión, la unión de corazones.

Tened todos el mismo sentir, sed solidarios en el sufrimiento, quereos como hermanos, tened un corazón compasivo y sed humildes. (1Pe 3,8)

Inspiración

8 IN & OUT C Lee con actitud meditativa el relato bíblico y reflexiona sobre su enseñanza. ¿Qué aprendizajes te llevas?

Entreno IN & OUT

1 **Identifico** las reacciones que experimento ante determinadas emociones.

2 **Debatimos.** ¿Reaccionamos siempre de la misma manera ante una emoción? ¿Reaccionamos de la misma manera ante emociones diferentes? ¿Se parecen las reacciones de los demás a las mías?

3 **Analizamos** la repercusión que algunas de estas reacciones pueden provocar en el entorno y en otras personas. ¿Todas las reacciones son respetables?

4 **Transformamos.** Diseñamos un plan de acción que nos ayude a lo siguiente:

- Regular nuestras emociones y la manera de expresarlas para no herir a los demás con nuestras reacciones.
- Educar nuestras habilidades socioemocionales (comunicación, asertividad, empatía y trabajo en equipo).
- Potenciar nuestras habilidades para la vida. Adoptar comportamientos adecuados y responsables para alcanzar bienestar personal y transmitirlo.

3 ISLAM, UNA RELIGIÓN DE LIBRO

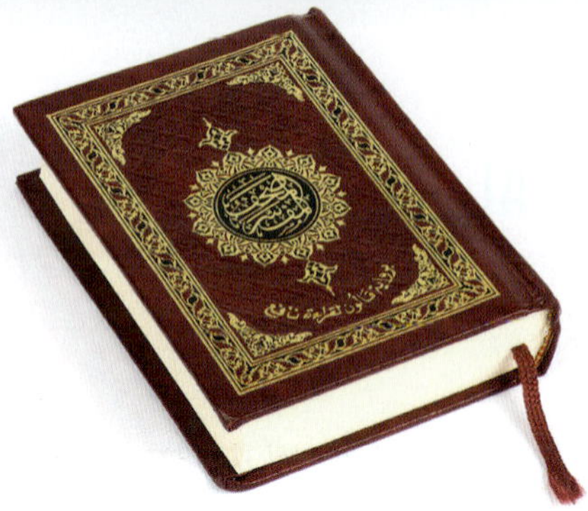

Musulmán no es sinónimo de **árabe**. El musulmán es la persona que profesa la fe del islam. Aunque el islam es la religión mayoritaria en los países árabes, más de la mitad de la población musulmana a nivel mundial no es árabe.

Árabe se aplica a los pueblos de etnia y lengua árabe. Suelen considerarse países árabes a los del norte de África, la península arábiga y Oriente Próximo.

La religión musulmana o islam surgió en la península arábica en el siglo VII. Es la segunda religión más profesada en el mundo con más de 1500 millones de seguidores. Sus principales ramas son sufíes, chiíes y suníes.

3.1 MAHOMA

Mahoma es el profeta árabe fundador del islam. Nace en **La Meca** hacia el año 570 en una familia pobre. A los seis años se queda huérfano y lo recoge su tío Abú Talib, a quien acompaña en sus viajes comerciales. A los veinticinco años Mahoma se casa con la rica viuda Jadicha, con quien tiene a su hija **Fátima.** Conoce las dos grandes religiones monoteístas de su época: **cristianismo** y **judaísmo.** A los cuarenta años Mahoma se retira al desierto, donde permanece días enteros. Allí recibe la revelación de Dios —**Alá**—, que le habla a través del arcángel Gabriel. Desde ese momento predica en su ciudad natal, presentándose como continuador de los grandes profetas monoteístas anteriores: Abrahán, Moisés y Jesucristo. Cuando sus seguidores ya son numerosos, las autoridades lo ven como una amenaza contra el orden establecido y comienzan a perseguirlo. En el año 622, Mahoma huye a Medina, lo que da comienzo a una nueva era para los musulmanes, **la Hégira.**

A pesar de la importancia de Mahoma, los creyentes no adoran imágenes suyas. No se permite dibujar ni recrear el aspecto de Mahoma ni de Alá, al considerar que las representaciones son una falta de respeto.

3.2 EL CORÁN

El **libro sagrado** del islam es el Corán. Para los musulmanes el Corán contiene la palabra de Alá (Dios) **recogida al dictado por Mahoma.** (Recuerda que la Biblia cristiana es también un libro sagrado, pero escrito por hombres inspirados por Dios). Para los musulmanes, el Corán es la **palabra literal de Dios.** Alá revela a Mahoma su mensaje y el profeta lo va transcribiendo en lengua árabe clara y transmitiéndolo a todas las personas como un mensaje de salvación.

El Corán es una colección de sentencias que fueron recogidas en vida del profeta y recopiladas hacia el año 650. Está formado por 114 capítulos llamados **suras,** y cada una se divide en párrafos o versículos llamados **aleyas.** El Corán, tanto en su contenido como en su forma, es considerado **perfecto.** Los musulmanes veneran y respetan este libro de una forma extraordinaria, lo guardan con mucho cuidado y se lavan las manos antes de tocarlo para leerlo o recitarlo.

#etimología

islam

Del árabe *aslama*, 'aceptar, rendirse o someterse'. El islam (الإسلام) se entendería como la aceptación y el sometimiento ante Dios, pero el significado profundo de su raíz *slm*, relacionada con el bienestar y la paz, nos indica que el musulmán se somete a Dios porque tiene la seguridad de que así se pone a salvo. *Salam* ('paz' en árabe) deriva de la misma raíz.

3.3 LOS CINCO PILARES DEL ISLAM

El núcleo de la ley islámica se expresa en cinco preceptos básicos que todo buen musulmán debe cumplir.

La profesión de Fe (el sahada)

La declaración de fe del islam es **«No hay más Dios que Alá, y Mahoma es su Profeta»**. Para ser musulmán solo hace falta recitar esta frase ante dos miembros de esta religión, no existe ningún otro rito de iniciación o bautismo. Tampoco hay sacerdotes; consideran que cada hombre tiene relación directa con Dios, sin intermediarios. Cualquier hombre puede ser **imán**, es decir, director de la oración.

La oración (el salat)

Rezar es el deber más importante de los fieles. Los musulmanes rezan **cinco veces al día** (al despertar, a mediodía, a media tarde, tras la puesta de sol y a primera hora de la noche) y en **dirección a la Meca**. Solo la oración del mediodía del viernes debe ser hecha en común y en la mezquita, pero no es obligatorio. En sus oraciones se recitan suras del Corán y siempre se repite la invocación *Allah akbar* (Alá es grande). Antes de rezar, los fieles se descalzan y realizan el **wudu** o **ablución**: se lavan la cara, las manos, los pies y los brazos. A la hora del rezo, el **muecín** sube al minarete (torre de la mezquita) y desde allí llama a los creyentes a la oración. Las mujeres se deben cubrir la cabeza y no se les permite rezar con los hombres, sino que se colocan en los corredores o detrás de biombos.

La limosna (el zakat)

Consiste en la donación de una parte de las ganancias anuales (antiguamente, un décimo de las ganancias) a un fondo común, para atender las necesidades de los más pobres.

El ayuno durante el ramadán (el saum)

Los musulmanes se rigen por el calendario lunar y el ramadán es el noveno mes de este calendario, por lo que no siempre cae en la misma época del año. En este mes fue cuando Dios se reveló por primera vez a Mahoma. Los musulmanes ayunan durante el mes del ramadán. Desde el amanecer hasta el atardecer, los fieles han de abstenerse de comer, beber, fumar y tener relaciones sexuales. El ayuno y la oración se consideran **mediaciones** que acercan al hombre a Dios.

La peregrinación a la Meca (el hajj)

Dos meses después del ramadán, los musulmanes deben realizar, al menos una vez en la vida y vestidos de blanco, la peregrinación a La Meca, un viaje santo a la ciudad donde Mahoma tuvo sus primeras revelaciones. El origen de este rito está en que el mismo Mahoma, poco antes de morir, realizó esta peregrinación de Medina a La Meca.

Además de estos cinco preceptos básicos, la religión islámica establece otras pautas de conducta. Como en el judaísmo, se mantiene la prohibición de comer carne de cerdo y la carne de animales que no hayan sido sacrificados de una determinada manera; y se prohíbe beber vino y otras bebidas alcohólicas.

Investigación

9 IN & OUT C Investiga sobre los ritos y fiestas religiosas del islam y realiza una presentación.

10 OUT Investiga sobre la peregrinación a La Meca de los fieles musulmanes.

- ¿Qué es la Kaaba?
- ¿Qué es la Piedra negra?
- ¿Qué ritos llevan a cabo los musulmanes en esta peregrinación?

PRÁCTICA

02 RELIGIONES REVELADAS

1 *Visual Thinking*

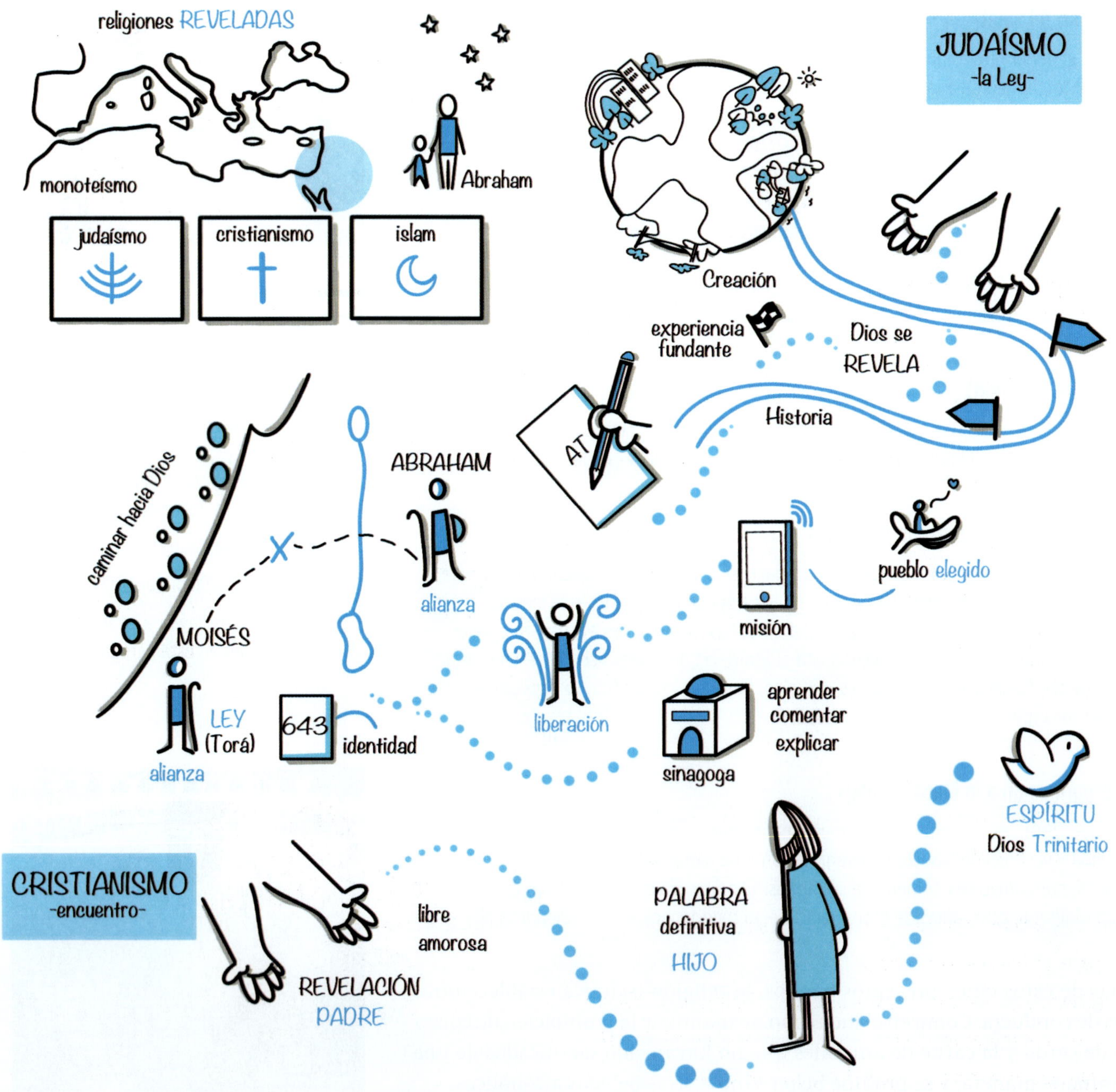

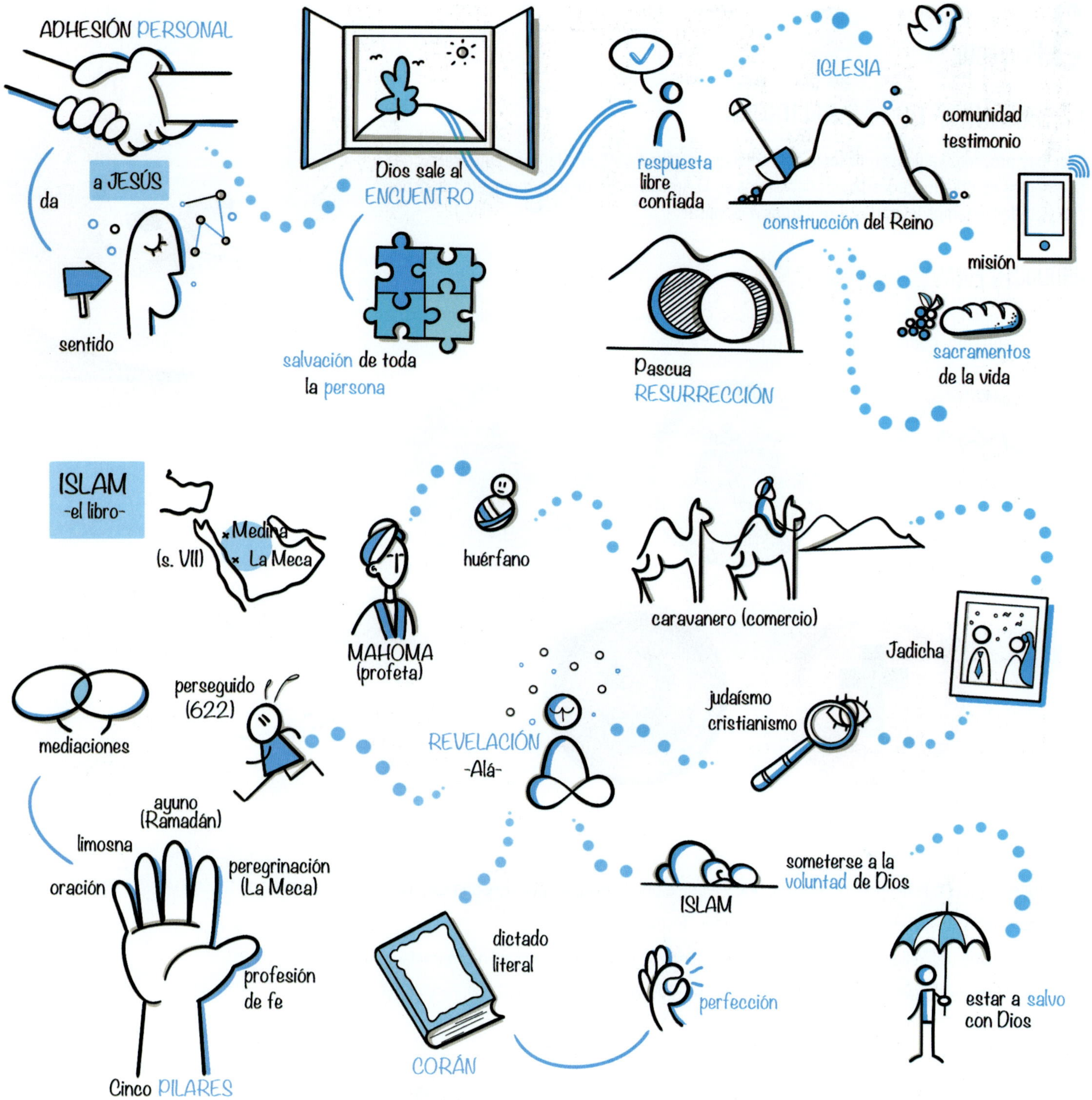

2 Metacognición

1 Analizo y reflexiono sobre lo aprendido en esta unidad.

1. ¿Qué he aprendido y qué he sentido?
2. ¿Con qué dos ideas resumiría el judaísmo, el cristianismo y el islam?
3. ¿Con qué imagen representaría a cada una de estas religiones?
4. ¿Qué pregunta haría a un judío? ¿Y a un musulmán?

3 Proyecto

EL BANQUETE DE LAS RELIGIONES

Con este proyecto vamos a repasar lo aprendido y a profundizar sobre las diferentes religiones que hemos estudiado. Todos somos necesarios en la organización de este banquete tan especial y ¡todos estamos invitados a sentarnos a la mesa!

PRODUCTO FINAL

Vamos a preparar un banquete con cinco mesas. Cada mesa será una de las religiones estudiadas (hinduismo, budismo, judaísmo, cristianismo e islam).

¿POR QUÉ UN BANQUETE?

- Porque, al igual que la religión, convoca, une y reúne a una familia, un pueblo y una cultura.
- Porque, igual que la religión, es símbolo de alegría, festividad y celebración.
- Porque, como una religión, cobra pleno sentido cuando se comparte y se vive en comunidad.
- Porque en todas las religiones hay alimentos sagrados y prohibidos, tiempos de ayuno y otras costumbres relacionadas con la comida.
- Porque la religión es «alimento» espiritual, profundo y esencial.

COOPERATIVO

Nos dividimos en grupos de cinco, cada grupo será el encargado de una de las mesas. Y dentro de los grupos, cada uno asumirá uno de los siguientes roles:

rol	funciones
anfitrión	Coordina; se encarga de que todos los elementos de la mesa estén servidos y que toda la información sea correcta y precisa.
arquitecto	Se encarga de investigar sobre los espacios religiosos de la religión correspondiente y de elaborar los platos que recojan esa información.
liturgista	Se encarga de investigar y elaborar los platos que recogen la información sobre los ritos, fiestas y costumbres de la religión correspondiente.
exégeta	Se encarga de investigar y elaborar el plato que recoge la información sobre el libro sagrado.
humanista	Se encarga de investigar y elaborar los vasos que recogen información sobre los personajes más importantes de la religión correspondiente.

Una vez que tengamos todos los platos y vasos servidos, nos encargamos del **diseño del mantel.** En el mantel se pueden dibujar **símbolos** propios de cada religión, hacer un **mapa** donde señalemos los países por los que se extiende o cualquier otra información visual que enriquezca.

NOS PREGUNTAMOS Y NOS AUTOEVALUAMOS

- ¿Recogemos en los distintos elementos (platos, vasos, manteles...) de forma correcta, clara y precisa la información?
- ¿Podemos añadir más información?
- ¿Podemos añadir en la mesa algún elemento más que sea significativo en esa religión?
- Según lo aprendido y sentido, ¿la mesa recoge «el sabor» de esa religión?

ACTUAMOS

Una vez que tenemos todos los elementos, es el momento de montar las mesas y de preparar el banquete.

Cada grupo invita al resto de los compañeros a sentarse en la mesa de su religión y explica lo que ha hecho y todo lo que contiene esa mesa. Nos iremos sentando en todas las mesas para compartir y «saborear» todas las religiones estudiadas. **Hay sitio para todos.** ¡Que aproveche!

03 EL DIOS DE LA ALIANZA

Si se quiere acabar
la guerra con otra guerra
nunca se alcanzara la paz

Malala Yousafzai

OUT

Mi queridísima Eva:

Para que me recuerdes siempre, quiero que sea tuya mi alianza de boda. No es una simple joya, tampoco es solo un anillo, es el símbolo más importante que he tenido en mi vida.

Hace muchos años quise compartir mi vida eternamente con tu abuelo. He sido muy feliz con él. De él me he fiado. Juntos hemos escrito una preciosa historia celebrando éxitos y superando obstáculos. Y desde que empezamos a ser novios, cuando teníamos tu edad, supe que siempre íbamos a estar el uno para el otro. Tu abuelo conseguía que yo fuese mejor persona cada día de mi vida. Siempre ha estado a mi lado y nunca he sentido que caminaba sola.

Ojalá tú algún día puedas vivir una larga historia de amor, de fidelidad y compromiso al lado de la persona a la que amas, como he tenido la suerte de vivirla yo. Al final, lo único que merece la pena en la vida es cuidar las relaciones que te hacen feliz, vivir desde el amor. No lo olvides.

Cada vez que veas esta alianza recuérdame y no olvides todo lo que te quise, has sido mi mayor alegría en los últimos quince años. No estés triste. Te quiero mucho.

La abuela Julia

IN

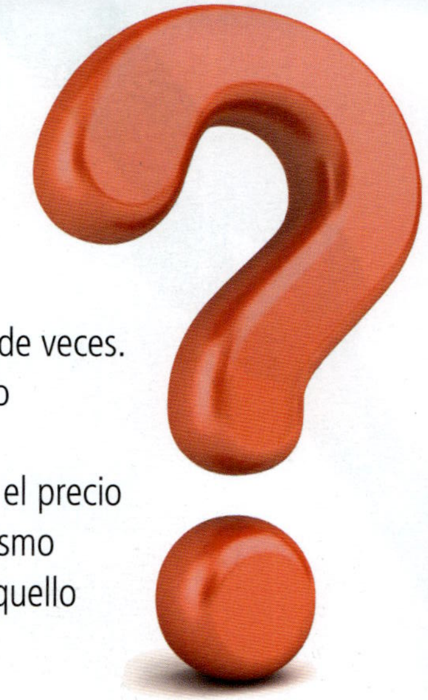

La semana pasada murió mi abuela, fue el día más triste de mi vida. Esta mañana, mi madre me ha entregado una sencilla nota escrita por ella donde me dejaba su alianza de boda que siempre llevaba puesta. He llorado. He sonreído. He leído la nota cientos de veces. Me he puesto su alianza y he sentido que algo cambiaba dentro de mí.

La alianza de mi abuela no es importante por el precio que puede tener, sino por su valor. En este mismo instante he comprendido la diferencia entre aquello que cuesta mucho dinero y aquello que tiene mucho valor. Ahora tengo en mis manos una alianza con un valor infinito. ¿Por qué me ha dejado precisamente a mí su alianza?

Siento que este año estoy creciendo, de pronto me planteo cosas que antes no me planteaba. Estoy cambiando, estoy buscando respuestas... La palabra **alianza** ha empezado a resonar con fuerza dentro de mí. ¿Qué es una alianza? Al fin y al cabo, una alianza es una relación de compromiso, de fidelidad, ¿no?

En clase de religión hemos visto en varias ocasiones que Dios establece una «alianza» con la humanidad. ¿Será algo parecido a la historia de amor de mis abuelos? ¿Cómo es esto posible? ¿Dios ha permanecido fiel al ser humano a lo largo de los siglos? De pronto pienso que la bella y sorprendente historia de amor de mis abuelos puede ser parecida a la historia de Dios con el ser humano.

Ay, abuela, ¡qué difícil es todo esto! Y, sí. Ojalá pueda yo vivir algún día una historia parecida. No te olvidaré.

1 ALIANZA, CLAVE DE COMPRENSIÓN DE LA SAGRADA ESCRITURA

Piensa por un instante en los sinónimos que te vienen a la cabeza al escuchar la palabra **alianza.** ¿Puede ser alguno de estos? Contrato, acuerdo, pacto, matrimonio... ¿Qué tienen en común estos términos? Que en todos ellos existe una relación de intereses, ya sean laborales, económicos, amorosos o fiduciarios, que son pactados y firmados por las partes implicadas.

Si nos centramos en el mundo bíblico, podemos afirmar que el concepto *alianza* **(berit)** es probablemente la palabra clave que puede resumir toda la Escritura. La Biblia narra la bella historia de **la alianza entre Dios y la Creación o el ser humano** y, en particular, de **la alianza entre Dios y el pueblo de Israel.** De esta manera lo recoge el Pentateuco y está muy presente en las tradiciones proféticas y en los libros sapienciales más tardíos (Eclo 44-49).

Pero sería un error hablar de alianza en singular, ya que en la Biblia se nombran hasta **siete alianzas.** Aun así, son cuatro las que aparecen más desarrolladas, con un claro referente y un sentido propios: las alianzas de Dios con **Noé,** con **Abrahán,** con **Israel** en el Sinaí, y con **David.** En los profetas y, más concretamente, en Jeremías, encontramos anunciada la «nueva alianza», cuyo cumplimiento se verá realizado en Jesús de Nazaret, el Cristo (Lc 22,20).

Por lo tanto, al hablar de alianza, no podemos hablar de una en particular, sino que tendremos que comprender la relación entre ellas, su diversidad y complementariedad para poder comprender su verdadero significado.

Por todo esto, entendemos la historia como una relación de amor, de encuentros y desencuentros, entre Dios y la humanidad, entre el creador y sus criaturas, entre el Padre y sus hijos e hijas.

Investigación y Reflexión

1 OUT C Escribe cuatro frases en las que utilices el término *alianza* con diferentes significados y en diferentes contextos.

- ¿Tienen algo en común estas oraciones?

2 OUT Busca en el diccionario la palabra *alianza.* De todos los significados que aparecen, ¿cuál de ellos se aproxima más al significado de *alianza* en el contexto bíblico? Justifica tu respuesta.

El **siete** es el número simbólico que nos habla de perfección.

#interdisciplinar

El **Código Civil** es un conjunto de normas legales que afectan a las personas, a los bienes, a los contratos, etc. En el cuarto libro del Código Civil español se exponen los artículos sobre las obligaciones y los contratos. Destacamos los siguientes artículos, los cuales deberemos tener en cuenta a la hora de organizar la estructura de una alianza.

Artículo 1254. El contrato existe desde que una o varias personas consienten en obligarse (...) a dar alguna cosa o prestar algún servicio.

Artículo 1255. Los contratantes pueden establecer las (...) condiciones que tengan por conveniente.

Artículo 1261. No hay contrato sino cuando concurren los requisitos siguientes: 1.º Consentimiento de los contratantes; 2.º Objeto cierto que sea materia del contrato; 3.º Causa de la obligación que se establezca.

Código Civil español

2 LA ALIANZA CON NOÉ (GÉN 9,1-17)

En su estado final, este texto, como todo el Pentateuco, quedó fijado definitivamente en el siglo v a. C., aunque en él confluyen tradiciones orales y escritas mucho más antiguas.

Podemos decir que este relato tiene tres grandes partes:

1. **Constatación por parte de Dios de la maldad de las criaturas.** Contrastan los relatos de la Creación (Gén 1-2), donde se nos decía que este mundo era perfecto (creado en siete días), un jardín donde se vivía en armonía y paz, con este relato, en el que Dios ha visto la «corrupción» y «la violencia» de la tierra y sus criaturas.
2. **Respuesta de Dios: el diluvio.** Este hecho está cargado de simbolismo: el agua, que es símbolo de vida, pasa a ser símbolo de muerte. Agua que se desborda con fuerza desmedida, que acaba con todo a su paso, que purifica. A través de este símbolo, el autor trata de hacernos caer en la cuenta de que la finalidad de Dios es «resetear» la realidad, volver a los «orígenes», a la no separación de aguas y tierra, para poder realizar un nuevo comienzo en el que poder decir «todo es bueno». Así, tras la purificación de todo lo existente, ese nuevo comienzo tendrá como punto de partida a **Noé** (el hombre justo), a su familia y a las criaturas salvadas por él. Todos libres de maldad.
3. **La alianza propiamente dicha.**

Relato paradigmático

No narra hechos históricos, sino que tiene por finalidad expresar un mensaje ejemplar, y sirve para todo tiempo y destinatario que lo lea.

Reflexión

3 IN Una vez entendida la alianza que establece Dios con Noé, ¿qué título le pondrías a esta alianza?

- ¿Alguna vez te habría gustado «resetear» tu vida, borrar lo vivido y empezar de nuevo? ¿Por qué?

ALIANZA DE DIOS CON SU CREACIÓN (CÓSMICA)

Es una alianza unilateral, gratuita, incondicionada y perpetua. No requiere ninguna aceptación ni contraprestación por parte de las criaturas. Es Dios quien la establece y quien se compromete a cumplirla sin pedir nada a cambio.

Partes implicadas

- Dios creador.
- Noé, como **representante de la nueva Creación,** el hombre justo e íntegro que seguía los caminos de Dios. Bendecido por Él, recibirá tres encargos:
  1. Repoblar la tierra (Gén 9,1).
  2. El respeto a un mínimo modelo de convivencia (Gén 9,2-6).
  3. El cuidar al otro, al hermano, cuya dignidad radica en ser imagen de Dios (Gén 9,5).

Compromisos adquiridos

- De parte de Dios, la promesa de no volver a hacerlo jamás. «No volveré a destruir a los vivientes» (Gén 8,21); «ni habrá otro diluvio que devaste la tierra» (Gén 9,11).
- De parte de Noé, ninguno. Al ser una alianza incondicional, nace de la pura gratuidad de Dios.

Signo

El **arcoíris** es el signo de esta alianza. «Esta es la señal de la alianza que establezco con vosotros» (Gén 9,12). Dios «pone» su arco «en las nubes», lo cuelga allí para no volver a usarlo. Tal como hacían los guerreros cuando acababa la guerra, que colgaban su arco en una pared de su casa, pues en tiempos de paz no es necesaria ninguna arma.

Con este signo Dios «se arrepiente» y se compromete a cuidar su creación, invitando a sus criaturas a ser colaboradoras en su cuidado.

3 LA ALIANZA CON ABRAHÁN (GÉN 17,1-27)

Si en la historia de la Creación encontramos la alianza de Dios con Noé, en la historia del pueblo de Israel la alianza con Abrahán es su piedra angular.

En este relato nos encontramos con **Abrahán,** primer patriarca y padre en la fe para el pueblo de Israel. Tras el pasaje de su vocación («Sal de tu tierra» [Gén 12,1]), abandona su hogar para encaminarse en una aventura hacia la tierra de Canaán. Aunque su mujer Sara es estéril, Dios le promete una descendencia tan numerosa como las estrellas (Gén 15,5). Al no llegar tal descendencia, se impacientan y Abrán tendrá un hijo, Ismael (Gén 16), con su esclava. Es aquí donde se sitúa el episodio de la alianza. Tras él, Sara dará a luz a **Isaac,** el hijo de la promesa, y la alianza quedará ratificada.

Tradiciones patriarcales y narraciones etiológicas

Un relato etiológico es aquel que tiene por finalidad explicar el origen de algo, en este caso, del pueblo de Israel, dentro del tiempo histórico.

> Ya no te llamarás Abrán, sino Abrahán, porque te hago padre de muchedumbre de pueblos. (Gén 17,5)

ALIANZA DE DIOS CON LA HUMANIDAD

Es una alianza unilateral, gratuita, incondicionada y perpetua. Muy similar a la de Noé, pero con un matiz: la alianza de Noé era «cósmica» (con vosotros, con vuestros descendientes, con todos los animales [Gén 9,9-10]), mientras que la de Abrahán se refiere específicamente a las familias de la tierra (Gén 12,3), a muchedumbres de pueblos (Gén 17,4-6), a la humanidad.

Partes implicadas

- Dios creador.
- Abrahán, padre de los creyentes.

Compromisos adquiridos

- De parte de Dios: descendencia, tierra y Dios (Gén 17,4-8). Dios se compromete hasta en tres ocasiones en hacer de Abrahán el «padre de las naciones». Le recuerda que le dará una tierra, Canaán. Así, podrán dejar de ser nómadas y asentarse como pueblo. Y le recuerda que siempre será su Dios.
- De parte de Abrahán: ninguno salvo la promesa de guardar la alianza (Gén 17,9) y la fe en Dios (Gén 15,6; Rom 4,13-25).

Signo

El signo con el cual quedará sellada la alianza no solo con Abrahán, sino con toda su descendencia, será la **circuncisión** (Gén 17,10-14). Aunque es una práctica conocida en el Antiguo Oriente, aquí adquiere un nuevo significado: la imborrable marca de la circuncisión refleja la eternidad de la alianza, el permanente vínculo entre Dios e Israel (Gén 17,13). Este es un signo de la alianza (Gén 17,11) que recordará al israelita su especial y espiritual relación con Dios y su obligación de caminar ante Dios y ser perfecto.

Reflexión

4 IN Una vez entendida la alianza entre Dios y Abrahán, ¿cómo titularías esta alianza? Justifica tu respuesta.

#etimología

Abrán. Compuesto por *ab-*, 'padre' y el verbo *rûm*, 'exaltar'. Este nombre podría significar 'gran padre' o 'padre exaltado'.

Abrahán. Compuesto por *ab-*, 'padre' y *hamon*, 'multitud'. La etimología popular entiende que significa 'padre de una multitud'.

4 LA ALIANZA CON EL PUEBLO DE ISRAEL (ÉX 19 Y ÉX 34)

Nos situamos ante una alianza en la que, por primera vez, la **libertad humana** juega un papel fundamental: ya no depende exclusivamente de Dios, sino que será el pueblo de Israel en quien se sustente la vigencia de la alianza.

Israel, que ha ido a Egipto en tiempos del patriarca José (Éx 1,1-6), ha caído en la esclavitud. Ahí emerge la figura de **Moisés** (Éx 2,10), el líder del pueblo. Tras numerosos acontecimientos, Dios consigue liberar de la esclavitud a Israel sirviéndose de él (Éx 15,1-18). Una vez liberados, Dios establece una alianza con su pueblo (Éx 19,5), que pronto será quebrantada (Éx 32,19). Gracias a la intercesión de Moisés, la alianza quedará renovada con una serie de condiciones (Éx 34,27-29).

Textos legales

Conjunto de textos de naturaleza legislativa que nos permiten acercarnos al desarrollo de la tradición religiosa judía, su práctica y su incidencia en la vida político-social del pueblo.

Investigación y Reflexión

5 IN Una vez entendida la alianza entre Dios y el pueblo de Israel, ¿cómo titularías esta alianza?

6 OUT C Lee Éx 32,1-20 y contesta.

- ¿Por qué Moisés rompe las tablas de la ley?
- ¿Qué ha hecho el pueblo de Israel?

ALIANZA CONDICIONADA DE DIOS CON EL PUEBLO DE ISRAEL

Es una alianza bilateral, mediada y condicionada, por tanto, frágil y necesitada constantemente de renovación. En ella domina el elemento de la imposición, del mandamiento. Es evidente la importancia concedida a la decisión humana. La asunción libre de la ley y su obligado cumplimiento están ligados a la propia existencia de Israel como pueblo (Éx 19,5). Este aspecto pondrá en evidencia la fragilidad de la alianza misma.

Partes implicadas

Una característica esencial de esta alianza, en comparación con las demás, es el quedar establecida entre Yahveh y un pueblo entero, no un individuo. Esta es la razón por la que parece exigir un mediador (Éx 20,19).

- Yahveh, Dios de Israel (Yahveh es el nombre propio del Dios de Israel: no es simplemente 'Dios'; se suele traducir como 'El Señor').
- El pueblo de Israel (Dt 5,4), «propiedad personal» de Yahveh (Éx 9,5-6).
- Moisés, que aparece como mediador (Dt 5,27).

Compromisos adquiridos

- De parte de Dios: ser el Dios de Israel y, con ello, protegerlo, bendecirlo y conducirlo a la tierra prometida.
- De parte de Israel: cumplir con exclusividad la ley de Dios, el decálogo (Ex 19,5).

Signos

Diversos ritos como el de la sangre (Éx 24,5-8) y la comida (Éx 24,8-11), el sábado como día consagrado a Yahveh (Éx 31,16), y, por supuesto, las tablas de la ley, como expresión escrita de esta alianza (Éx 31,18).

#símbolo

Las tablas de la ley que recibe Moisés en el monte Sinaí son el símbolo de la alianza de Dios con el pueblo de Israel, son **el decálogo** (los diez mandamientos tallados en piedra). El pueblo de Israel debe cumplir estos mandamientos para mantener la alianza. «Las tablas estaban escritas por ambos lados; eran hechura de Dios y la escritura era escritura de Dios grabada en las tablas» (Éx 32,15-16).

#STORY

JUAN MARTÍN VELASCO

Juan Martín Velasco fue un **sacerdote** de la diócesis de Madrid. Nacido en Ávila, fue uno de los teólogos que ayudó a que el Concilio Vaticano II se enraizara en España para dar frutos en una Iglesia renovada. Vivió y comprometió su vida en el barrio obrero de Vallecas y fue un intelectual de prestigio internacional en el estudio del hecho religioso. Él era consciente de que en esos estudios estaba la base para impulsar el diálogo interreligioso y superar una forma intransigente de ver la religión cristiana: comprender al diferente me hace ser capaz de amarlo tal y cómo es.

Para él, su compromiso social nacía de su profunda experiencia de Dios. Por ello, fue uno de los mejores especialistas en el estudio de la mística y, a la vez, un hombre de oración excepcional, que animó multitud de retiros y encuentros. Una frase suya es

> «No orar no es pecado, es una pena».

Para hacer comprender la maravilla que es para la persona poder estar en contacto con el Dios que le ama con locura.

Martín Velasco sostenía que **si buscamos en el interior de nuestra propia persona nos encontraremos con una experiencia única, la experiencia religiosa.** Él la definía así:

> «La conciencia de que estamos visitados desde el interior de nosotros mismos e indagar constantemente, a lo largo de toda nuestra vida, quién es ese que nos ha visitado».

Concilio Vaticano II, 11 de octubre de 1962.

Porque el cristianismo, como toda religión, no es una serie de creencias, sino un camino de vida en Aquel que nos salió al encuentro. Y si vives ese Encuentro, toda tu vida se ve transformada y enviada a cuidar a los demás.

Amó con pasión a la Iglesia, a la que dedicó toda su vida, y creía en ella, pese a todos los defectos que puedan tener sus miembros. Y se comprometió a todos los niveles con la renovación en la formación del clero y de los laicos. Si conocemos de verdad la riqueza de la propuesta de vida cristiana y escuchamos lo que el Espíritu nos dice hoy en la sociedad, en la cultura, podemos construir una Iglesia que responda, de verdad, a la apertura, a la puesta al día *(aggionamento)* de la Iglesia que propuso el Concilio Vaticano II.

Sabiduría, bondad y compromiso se unían en él de una forma única, mostrando que es posible seguir siempre en el camino de **renovar la Iglesia** para hacerla más y más imagen del sueño de Dios.

Chema PÉREZ-SOBA
(En memoria de un maestro y amigo)

Análisis

7 IN & OUT ¿Qué fortalezas personales y virtudes destacarías de Juan Martín Velasco? ¿Qué experiencia profunda está en la raíz de su vida?

#FORTALEZA PERSONAL

LA HUMANIDAD

La humanidad es una virtud asociada a la ética básica del altruismo derivada de la condición humana. También simboliza el **amor humano** y la **compasión hacia los demás.** La humanidad reúne aquellas fortalezas interpersonales que se centran en el cuidado de los demás: el amor, la **amabilidad** y la **inteligencia social.**

La diferencia entre la virtud de la humanidad y la virtud de la justicia radica en que la humanidad se refiere a la relación de una persona hacia otra persona (interpersonal); mientras que la justicia hace referencia a la relación entre una persona y la sociedad (social o cívica).

A LA LUZ DE LA PALABRA

El amor mutuo es la esencia del discipulado de Jesús y su única manifestación auténtica.

> Os doy un mandamiento nuevo: que os améis unos a otros; como yo os he amado, amaos también unos a otros. En esto conocerán todos que sois discípulos míos: si os amáis unos a otros.
>
> Jn 13,34-35

Este mandamiento sobre el amor mutuo, considerado como el principio básico de la vida cristiana, no se queda en una bella teoría, sino que se encarna en un amor concreto, operante y comprometido con las necesidades del prójimo. Un amor que nace de la experiencia de sentirse amado por Dios y que, a la vez, refleja ese amor de Dios.

> Pero si uno tiene bienes del mundo y, viendo a su hermano en necesidad, le cierra sus entrañas, ¿cómo va a estar en él el amor de Dios? Hijos míos, no amemos de palabra y de boca, sino de verdad y con obras.
>
> 1 Jn 3,17-18

Este amor no se encierra en uno mismo, sino que irradia en forma de amabilidad y bondad hacia los demás, en un movimiento en el que se antepone el bien del prójimo al de uno mismo, generando así una nueva lógica y dinamismo social.

> No os encerréis en vuestros intereses, sino buscad todos el interés de los demás.
>
> Flp 2,4

Inspiración

8 IN C Jesús habla del amor entre las personas como un mandamiento nuevo. ¿Pero dónde radica esta novedad? Te ayudará a responder esta pregunta si reflexionas sobre tres aspectos de este amor: su origen, su modo de desarrollarse y su finalidad.

Entreno IN & OUT

1. **Reflexiono** sobre mi forma de relacionarme con mi familia, amigos, compañeros de clase, vecinos, etc. ¿Qué les ofreces de ti? ¿Qué recibes de ellos? ¿Cómo definirías la atmósfera que envuelve esas relaciones?
2. **Compartimos** nuestras reflexiones y **comparamos** nuestra forma de relacionarnos con los demás con las enseñanzas de la Biblia. ¿Qué modificarías en tu comportamiento hacia los demás?
3. **Investigamos** y **debatimos** sobre las iniciativas eclesiales de nuestro entorno que colaboran en la construcción de la civilización del amor. ¿Qué aportan a la sociedad? ¿Qué podemos aprender de ellas? ¿Cómo se puede colaborar con ellas? ¿Qué podemos ofrecer?

5 LA ALIANZA CON DAVID (2 SAM 7)

La alianza firmada en el Sinaí estaba expresada en el decálogo y estaba condicionada por parte del pueblo. La monarquía de Israel estará supeditada a esta ley y solo verá su gloria cuando la cumpla y la haga respetar.

En su estado final, este texto quedó fijado definitivamente en el siglo v a. C., durante la época de dominio persa sobre el pueblo de Israel.

Es un tiempo muy importante de la historia bíblica de Israel porque se constituye como **pueblo unido** en una **tierra propia**, en el sentido estricto de ambas expresiones. Es tiempo de monarquía y profetismo, de la elección de **David como rey**, del establecimiento perpetuo de su dinastía en el trono y de la elección de Jerusalén como capital y ciudad santa. En ella David quiere construir un templo, pero Dios corrige sus planes: será su hijo Salomón quien lleve a cabo ese proyecto.

Relatos históricos

No se describen los acontecimientos tal y como sucedieron, objetivamente, sino desde el punto de vista de la fe: son una lectura creyente de los acontecimientos históricos que nos narran.

ALIANZA INCONDICIONAL DE DIOS CON DAVID

Esta será una alianza incondicional, unilateral, perpetua, mediada y gratuita. Es Dios quien establece la alianza y quien se compromete a cumplirla con él y con toda su descendencia sin pedir nada a cambio: «Yo seré para él un padre y él será para mí un hijo» (2 Sam 7,14). Es gratuita porque nace del amor de Dios a David. Incondicional y perpetua porque ni David ni su descendencia perderán jamás el favor de Dios. Mediada porque será Natán quien reciba las palabras de Dios y se las comunicará a David.

Partes implicadas

- Dios, «el Señor del universo» (2 Sam 7,8), quien recuerda a David que él fue quien lo eligió para ser jefe de su pueblo, lo acompañó y cuidó de sus enemigos.
- David, el que fuera un pequeño pastor de Belén ungido por el profeta Samuel, es ahora el rey de Israel, quien ha dado la victoria a su pueblo y ha convertido a Jerusalén en su residencia.
- Natán, el profeta, recibe el oráculo de Dios (2 Sam 7,4-16) y se lo transmite a David. Hace de mediador entre Dios y David.

Compromisos adquiridos

- De parte de Dios: se compromete a garantizar un lugar seguro en el que residir (2 Sam 7,10) pero, sobre todo, una descendencia real, una dinastía eterna: «Tu casa y tu reino se mantendrán siempre firmes ante mí, tu trono durará para siempre» (2 Sam 7,16).
- De parte David: fidelidad al Dios de Israel expresada en la oración que expone tras el mensaje de Natán (2 Sam 7,18-29).

Signo

Una **dinastía eterna.** Cuando cayó la monarquía en Israel, ya no se hablaría de un simple descendiente de David, sino del Salvador, el Ungido por antonomasia, el Mesías. En este sentido, a Jesús le llaman «Hijo de David» (Mt 1,1; Mc 10,47; Lc 1,32).

Reflexión y Profundización

9 IN Una vez entendida la alianza de Dios con David, ¿cómo titularías esta alianza?

10 OUT C Para resumir las alianzas estudiadas (con Noé, con Abrahán, con Israel y con David), completa en tu cuaderno un cuadro con la siguiente información de cada una de las alianzas: tipo de texto, tipo de alianza, mediador, característica fundamental y signo.

6 ANUNCIO DE LA NUEVA ALIANZA (JER 31,31-34)

La nueva alianza se plantea como una segunda y definitiva alianza, que, como tal, solo podrá cumplirse tras la primera, la del Sinaí (Heb 8,7;13). Por su ruptura, el pueblo, que dio la espalda a Dios, cayó en el exilio. Y fue allí, al vivir la experiencia del dolor, donde el pueblo reconoció el poder misericordioso de Dios.

Este oráculo estaría dirigido a la primera deportación de judíos en Babilonia (598 a. C.).

El reino de David se divide en dos: en el norte, el reino de Israel, y en el sur, el reino de Judá. Ambos olvidan la alianza del Dios de la libertad en el Sinaí y se vuelven unos tiranos. Dios, no pudiendo permitir esto, inspira a los profetas, aunque no serán escuchados. Pronto los reinos caerán: el del norte a manos de los asirios (siglo VIII a. C.), y el de Judá a manos de los babilonios (siglo VII a. C.). Sus élites político-religiosas acabarán en el exilio. Justo antes de caer el reino de Judá, aparecerá el profeta Jeremías anunciando una nueva alianza entre Dios y su pueblo.

Oráculo profético

Discurso «incendiario» que trata de poner en acción al pueblo de Israel.

ALIANZA INCONDICIONAL DE DIOS CON SU PUEBLO

Esta alianza es nueva, definitiva, perfecta, mediada, universal, incondicionada y autónoma. La nueva alianza anunciada por Jeremías no es una reforma religiosa más, sino un cambio radical de la relación entre Yahveh y su pueblo. Por ello, es nueva y eterna. Es universal porque apunta hacia todos (Jer 31,34). Es autónoma porque nace del interior de la persona, de su corazón.

Partes implicadas

- El señor del universo, Dios de Israel (Jer 31,23).
- El pueblo de Israel.
- Jeremías, el profeta, como mediador.

Compromisos adquiridos

- De parte de Dios: escribirá su ley en los corazones de su pueblo y será siempre su Dios, ofreciendo siempre su perdón (Jer 31,33-34).
- De parte del pueblo de Israel: el conocimiento de Dios, la «religión», será «cordial» (nacida del corazón). De esta forma, las relaciones interpersonales, fundamentadas en dicho conocimiento, serán también de absoluta e íntima «cordialidad». Es decir, sin distinción de personas, clases, categorías, etc.

Signo

Justamente, el signo de esta alianza es su «asignalidad».

Esta tendrá un carácter íntimo, espiritual, personal y «cordial».

#enseñanzadelaiglesia

La nueva alianza consiste precisamente en esto: en verse, en Cristo, envueltos por la misericordia y la compasión de Dios. Es esto lo que llena nuestro corazón de alegría, y es esto lo que hace de nuestra vida un testimonio hermoso y creíble del amor de Dios.

PAPA FRANCISCO, Audiencia general (6 de agosto de 2014)

Esta nueva alianza, anunciada en el Antiguo Testamento, tendrá su cumplimiento en Cristo (Heb 8,1-13; Mc 14,24; 1 Cor 11,25).

PRÁCTICA

03 EL DIOS DE LA ALIANZA

1 *Visual Thinking*

2 Metacognición

1 Analizo y reflexiono sobre lo aprendido en esta unidad.

1. ¿Qué he aprendido y qué he sentido?
2. ¿Qué alianza me ha llamado más la atención?
3. ¿He sentido a lo largo de mi vida la presencia de un Dios fiel que me acompaña?
4. ¿Qué preguntas me surgen al finalizar la unidad?

04 LA NOVEDAD DEL MESÍAS

TE DI LA VIDA ENTERA

Zoé Valdés

OUT

Querida alumna:
Todavía no te conozco. No sé tus aspiraciones, tus sueños, tus deseos ni tus metas. Lo que sí sé es que tu vida merece la pena y hay mucha gente que te necesita. ¿Alguna vez has pensado en dedicar parte de tu tiempo a los demás? Desde la plataforma de voluntariado estamos buscando a jóvenes como tú para que eches una mano a quien más lo necesitas.
Si estás interesada en ser voluntaria te ofrecemos varias alternativas:

- La casa de acogida de menores tutelados busca a jóvenes como tú para dar clases de apoyo escolar por las tardes u organizar salidas y talleres los sábados por la mañana.
- El comedor social busca voluntarios para ayudar a servir comidas a las personas sin hogar de la ciudad.
- Cáritas solicita voluntarios para organizar el ropero y atender a las personas que se acercan a solicitar este servicio.
- La residencia de ancianos quiere organizar una nueva actividad con los abuelos y necesita voluntarios que sepan tocar instrumentos o que les guste el teatro.
- La asociación de personas con discapacidad requiere voluntarios para acompañar a estas personas en las salidas que hacen por la ciudad.

Dice Gandhi que «la mejor manera de encontrarse a uno mismo es perderse en el servicio a otros». ¿Te atreves? ¿No crees que merece la pena?
Si estás interesada en ser voluntaria en alguno de estos sitios no dudes en ponerte en contacto con nosotros.
Muchas gracias.

IN

Hoy ha venido al instituto un voluntario, no recuerdo su nombre. Su forma de hablar, el brillo de su mirada, su testimonio sincero y su sonrisa me han llamado mucho la atención. Al final nos ha dado esta carta que he leído y releído cientos de veces. Nunca me había planteado que pudiera haber gente a la que no conozco y que me necesita. Por primera vez en mi vida he sido plenamente consciente de lo afortunada que soy, y no puedo parar de cuestionarme qué estoy haciendo yo por los demás.
La carta de Jaime, la nota misteriosa, la alianza de mi abuela y ahora esta invitación del voluntario.
Más preguntas... y qué pocas respuestas.
¿Realmente merece la pena dedicar mi tiempo y renunciar a mi comodidad para ayudar a gente que no conozco de nada? ¿Qué es servir? Si trabajo para los demás a cambio de nada, ¿no es esto una forma de esclavitud? Ciertamente desde que empezó este curso siento que «algo me falta». ¿Alguien más siente lo mismo? ¿Tiene sentido mi vida? Entregando parte de mi vida a los demás, ¿hallaré respuestas? ¿Cambiará mi vida?
El otro día mi abuelo me dijo que hubiera dado la vida por mi abuela (la echo mucho de menos). No fue una frase hecha, me lo dijo de verdad... No supe qué decirle. ¿Yo estoy dispuesta a dar mi vida por alguien? ¿En esto consiste amar? ¿Amar duele? No sé si es esto lo que estoy buscando, ni sé si en esto consiste ser feliz. Lo que sí tengo claro es que, si no lo pruebo, nunca lo voy a saber. Supongo que comprometerme con un voluntariado me complicará la vida, pero en eso consiste vivir, ¿no? Creo que ha llegado el momento de hacer algo y de buscar respuestas. Creo que voy a llamar.

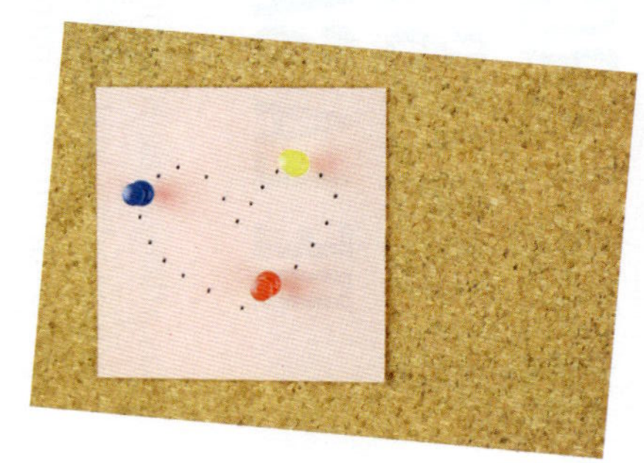

1 LA PARCIALIDAD DE LAS ANTIGUAS ALIANZAS EN EL CAMINO DE LA SALVACIÓN

0% 100%

Las alianzas de Noé, de Abrahán, del Sinaí y de David, cuando se plantean de forma individual, parecen completas, pero al verlas en su conjunto, el concepto que las define es la **parcialidad,** porque cada una de ellas trata de dar solución a un problema concreto, apunta a un colectivo particular, conlleva una resolución diferente. Por ello, el profeta Jeremías anunciará una **nueva alianza** que, partiendo de las anteriores, las reunirá, las superará y les dará un único cumplimiento.

Todas estas alianzas se ponen por escrito en un contexto socio-religioso concreto: el pueblo de Israel se encuentra exiliado en Babilonia. Este pueblo, al que se le había prometido una gran descendencia, una tierra, un rey... y ahora no tiene nada de ello, **solo tiene a Dios, aquel que nunca les abandona.** Y es bajo esta idea y este contexto de lejanía del hogar y soledad donde nace la esperanza del pueblo: **la salvación es posible, la felicidad perdida está cerca.**

Cada una de esas alianzas apunta hacia una actitud particular desde la que afrontar la propia vida. El fin en todas ellas es la salvación, es decir, la felicidad con mayúsculas de la persona.

1.1 DE LA ALIANZA CON NOÉ: ACTITUD DE MÍNIMOS

En esta alianza se propone una actitud de mínimos para afrontar la vida y alcanzar la felicidad. Esa actitud básica es la del **respeto y el cuidado de la Creación y de todas sus criaturas.** Recordemos que en Gén 1 se nos relataba el pasaje de la Creación en siete días. Ese número era un símbolo que apuntaba hacia la perfección de la realidad creada. Pero este mundo ya no es un «jardín» porque no existe en él la armonía de los inicios: el ser humano asesina a sus iguales, se adueña de la Creación, agota sus recursos... Aun así, Dios se compromete, por pura misericordia, a no destruirlo, a conservarlo. Y en esta nueva creación se nos pide que participemos desde una actitud activa, viviendo como colaboradores en el cuidado de la Creación y como hermanos, ya que todos hemos sido creados a imagen y semejanza de Dios.

Investigación

1 OUT Muchas figuras bíblicas han servido de inspiración para los artistas durante siglos. Investiga las huellas de Noé en la historia del arte, el cine, la música, los juguetes, los videojuegos... y elabora una presentación con el resultado de tu búsqueda.

#enseñanzadelaiglesia

La esperanza nos habla de una realidad que está enraizada en lo profundo del ser humano. Nos habla (...) de un anhelo de plenitud, de vida lograda, de un querer tocar lo grande, lo que llena el corazón (...), como la verdad, la bondad y la belleza, la justicia y el amor. Sin embargo, eso comporta un riesgo (...): no dejarse seducir (...) por falsas promesas de felicidad vacía (...). No, la esperanza es audaz, sabe mirar más allá de la comodidad personal, de las pequeñas seguridades (...) para abrirse a grandes ideales que hacen la vida más bella y digna. (...) ¿Qué es lo que mueve tu vida?

Saludo del papa Francisco a los jóvenes del centro cultural Padre Félix Varela (20 de septiembre de 2015)

1.2 DE LA ALIANZA CON ABRAHÁN: ACTITUD CREYENTE

La alianza de Dios con Abrahán atañe a toda la humanidad y nos enseña una nueva forma de vivir nuestra existencia: desde una actitud creyente. Creyente no es aquel que sigue los ritos y costumbres de una cierta tradición religiosa. En la alianza de Abrahán podemos observar que el creyente es aquel que ha tenido un **encuentro con Dios** personalmente y ha puesto su confianza en él sin reservas. Esta es una actitud que habla de dejarse hacer por aquel que sabes que te ama incondicionalmente, de abrirse totalmente a lo otro, al Misterio. Habla de abandonar la zona de confort en búsqueda de la felicidad con mayúsculas, de vivir en disposición de escucha.

1.3 DE LA ALIANZA CON ISRAEL EN EL SINAÍ: ACTITUD DE OBEDIENCIA

La novedad de esta alianza es que, por primera vez, nos situamos ante una alianza bilateral: Dios y el pueblo de Israel adquieren unos **compromisos particulares** para darle cumplimiento. Y, por primera vez, hay que renovar la alianza de inmediato porque Israel no cumple lo pactado. La Ley, el decálogo, establecido por Dios en el Sinaí, es externo a la persona, es decir, no nace de él, no es parte de él. Le es dado por Dios y su cumplimiento garantizará la alianza. A esta ley que te hace actuar por obligación externa, es decir, por miedo al que impone la norma (Dios nos castigará si no cumplimos su decálogo), por beneficio propio (si lo cumplimos, seremos bien vistos por Dios y por los demás) o por un simple deber externo (Dios lo ha dicho y es así), la denominamos **ley o norma heterónoma.** Por ello, de esta alianza mana una actitud de obediencia en el cumplimiento de la Ley, de la norma, para obtener un bien mayor como es la salvación, la felicidad.

1.4 DE LA ALIANZA CON DAVID: ACTITUD DE AGRADECIMIENTO

En la alianza de David, Dios promete una dinastía a Israel que será perpetua en el tiempo. Un reinado que situará a Israel como verdadero pueblo de Dios. La magnitud de esta alianza reside en la misma promesa de poder que Dios establece con David y su descendencia. En ella podemos ver cómo David, ante tales promesas recibidas, mantiene una **actitud de agradecimiento.** Esa es la actitud que podemos extraer de esta alianza: vivir en continua acción de gracias por todos los bienes recibidos. Y de ellos, el primero y principal, la propia vida, que es un regalo. David sabe que los dones recibidos en su vida no los ha conseguido únicamente por sus propios méritos, sino que le son dados por un Dios que es absoluta bondad. El que vive agradecido es capaz de saber que nada le pertenece porque todo le ha sido dado. Desde esta actitud podemos alcanzar la verdadera felicidad, la salvación.

Profundización y Reflexión

2 IN & OUT En parejas, elaborad de forma consensuada y según vuestro criterio «Los diez mandamientos para ser feliz».

- ¿Alguno de estos mandamientos hace referencia a Dios?

3 IN C La artista Mercedes Sosa canta «gracias a la vida que me ha dado tanto». Elabora una lista de cinco cosas por las que das gracias a la vida.

- ¿Te consideras una persona afortunada?

2 EL SIERVO DE YAHVEH O LIDERAZGO PROACTIVO

La **nueva alianza,** anunciada por el profeta Jeremías, nos sitúa ante una nueva forma de comprensión de Dios, de la fe y de la realidad. Lo que antes era algo externo a la persona ahora brota de su interior, está inscrito en su corazón. Esta nueva alianza apunta hacia un liderazgo proactivo que podemos ver desarrollado en los **Cánticos del siervo de Yahveh** del «profeta Isaías». Este liderazgo radica en el servicio, en el darse al otro y por el otro sin esperar nada a cambio y hasta el extremo, dando sentido al sufrimiento desde el saberse incondicionalmente amado y acompañado por Dios. Es lo que la teología bíblica denomina *mesianismo sufriente* o *siervo de Yahveh.*

Cánticos del siervo de Yahveh

Son cuatro poemas atribuidos al Deuteroisaías. Se conoce así al autor de los capítulos 40 a 55 del libro de Isaías. Este autor vivió el exilio en Babilonia (siglo v a. C.), dos siglos después del profeta Isaías (siglo vii a. C.). Los cánticos se organizan así:

1. Misión del siervo (Is 42,1-9).
2. Vocación (Is 49,1-6).
3. Sufrimiento y paciencia (Is 50,4-9).
4. Pasión y gloria (Is 52,13-53,12).

#etimología

siervo

Es la traducción de la palabra hebrea *ébed,* cuyo significado es 'servir'. Esta raíz abarca un extenso campo de significado, en ocasiones contradictorio: puede apelar a los conceptos de 'servicio-trabajo', pero también a 'servidumbre-esclavitud'.

hebreo	transcripción	pronunciación	significado
דֶבֶע	*'ebed*	ébed	trabajador, siervo, esclavo
דַבָע	*'ābad*	abád	trabajar, servir
הָדֹבֲע	*'ăbōdāh*	abodáh	trabajo, servicio

2.1 SIERVO O ESCLAVO

Cuando en el mundo bíblico se usa el concepto ***siervo,*** se entiende que se apela a una situación de subordinación referida al servicio realizado tanto de personas libres como esclavas. La novedad radica en que en la literatura profética esta relación de servicio hacia Dios es querida por Él y, en lugar de generar **esclavitud,** produce **liberación:** servirle conlleva ser poseedor de la tierra. Por tanto, no hablamos de esclavo, pues este carece de libertad. El siervo de Dios lo es debido a la llamada recibida de la misión encomendada y de su libre respuesta al Dios que le sale al encuentro.

2.2 ¿QUIÉN ES «SIERVO DE YAHVEH» EN EL MUNDO BÍBLICO?

Son aquellas personas que han dado a conocer a Dios, **mediadores** que han desvelado el rostro de Dios al Pueblo: Moisés, los profetas, algunos de sus líderes políticos (Jacob, David) y de sus sacerdotes. Lo que les constituye a todas estas personas como «siervos» es la misión recibida por parte de Dios.

En ocasiones se denomina así a toda una colectividad, como sucede con el pueblo de Israel. En su conjunto es siervo de Yahveh porque ha sido constituido por él y en él encuentra el sentido de su existencia (Is 42,21).

El problema de esta figura es que no siempre se revela su identidad personal. Tal es el caso de los cuatro cánticos de Isaías. **¿Quién es ese misterioso personaje del que hablan?**

Reflexión

4 IN C ¿Qué es lo que mueve tu vida? ¿Cuáles son tus miedos y esperanzas?

5 IN Explica con tus propias palabras la diferencia entre **servicio** y **esclavitud.**

2.3 RASGOS DEL SIERVO DE YAHVEH

Al analizar los cánticos de Isaías podemos dar respuesta a la pregunta sobre la identidad del siervo de Yahveh y desvelar así su rostro:

- **Es elegido por Yahveh.** «Mi siervo, (...) mi elegido» (Is 42,1), «te cogí de la mano» (Is 42,6). Existe una relación íntima con Dios, «te he llamado en mi justicia» (Is 42,6). La llamada es consecuencia de la justicia de Dios. Justicia y salvación son sinónimos en la literatura profética.
- **Tiene una misión universal.** «Que mi salvación alcance hasta el confín de la tierra» (Is 49,6) es la salvación de todo el género humano, no solo de Israel. Para ello no está solo, quien le ha elegido le sustenta, «mi Dios era mi fuerza» (Is 49,5).
- **Es testigo de Dios.** El pueblo de Israel también lo es, pero está ciego y sordo (Is 43,8) porque, en ocasiones, persigue ídolos, aquello que no salva. Será el siervo quien, por elección de Dios, «he puesto mi espíritu sobre él» (42,1b), haga saber, creer y comprender al pueblo quién es Dios (Is 43,10) y así, «manifestará la justicia a las naciones» (42,1b).
- **Es alianza de Dios.** Dios se compromete libremente a auxiliar a la humanidad y el siervo es el don ofrecido por Él para que pueda acontecer la salvación, «hice de ti alianza de un pueblo y luz de las naciones» (Is 42,6). Este siervo es, por tanto, testigo de la promesa de Dios y de la obligación de que esta acontezca de forma universal.
- **Es discípulo, profeta y mesías.** Como discípulo oye la palabra de Dios (Is 50,4a) y como profeta porta un mensaje de esperanza y consuelo a aquel que está abatido (Is 50,4b). Un mensaje que previamente ha experimentado en sus carnes, «no escondí el rostro ante ultrajes y salivazos» (Is 50,6). Aun así, sabía que no estaba solo. Su Dios estará siempre a su lado (Is 50,7-8). Como mesías, su misión es la de «implantar la justicia» (Is 42,4), tarea propia de un rey, un ungido de Dios. Recuerda que justicia es sinónimo de salvación. El siervo, como mesías que es, porta consigo la salvación de Dios.
- **Es un mesías sufriente (Is 52,13-53,12).** A través de él, de su sufrimiento, toda la humanidad recibirá la salvación y la reconciliación con Dios, también los verdugos, los malvados... Todo su mal cometido queda redimido, perdonado, en el sufrimiento del siervo inocente. Porque ese sufrimiento no es estéril. Nace del amor y por puro amor es llevado hasta el extremo. El amor da sentido al sufrimiento. Y es en este siervo sufriente en quien acontece la salvación definitiva de Dios: la que nace del perdón y no de la violencia. La que es universal y no parcial. La que es ofrecida sin miramientos y puede ser aceptada solamente desde la propia libertad.
- **Es anónimo.** En ningún momento se nos revela su identidad. Sabemos quién es por los rasgos que le definen, pero no conocemos su nombre.

Creación

6 OUT Elabora un *Visual Thinking* en el que recojas los rasgos del siervo de Yahveh.

#STORY

SERVANDO, MIGUEL ÁNGEL, FERNANDO Y JULIO

Cuando se habla de mártires y martirio tal vez pienses que es algo de otra época y te imaginas a hombres y mujeres de siglos pasados. Pero no es así. ¿Sabes que en los siglos XX y XXI hay hombres y mujeres mártires que han decidido entregar su vida por los más desfavorecidos? Hombres y mujeres que han permanecido firmes en la dificultad y dan su vida por el Evangelio. Su testimonio es un verdadero ejemplo de valentía, vocación y fidelidad. Son historias que emocionan, inspiran y nos dan claves para vivir en plenitud.

Servando Mayor, Miguel Ángel Isla, Fernando la Fuente y Julio Rodríguez son cuatro hermanos maristas españoles que viven en comunidad en Bugobe (Congo) en el campo de refugiados de Nyamirangwe y atienden al éxodo de los refugiados como consecuencia de la guerra civil que asola el país. Los refugiados se convierten para ellos en su verdadera familia. Llevan alimentos a una población hambrienta, curan a los enfermos y ofrecen una educación básica a los niños refugiados. Para los refugiados, que no tienen nada, los hermanos se convierten en amigos, luz y esperanza. Comparten con ellos sus inseguridades, sus penas, sus miedos y sus frustraciones. Estos hermanos maristas son, ante el mundo exterior, la voz de los refugiados para mostrar a todas las naciones la catástrofe humana que estaban presenciando.

Conservamos muchos testimonios fónicos, escritos y cartas en las que siempre hablan de su auténtico amor y de su amor a los refugiados que se habían convertido en su auténtica «familia».

El 31 de octubre de 1996, un grupo de rebeldes ruandeses se hace con el control del campo de refugiados y mantienen a los cuatro religiosos secuestrados en su tienda, acusándolos de espías. Fueron asesinados a las veinte horas. Hoy los conocemos como los mártires de Bugobe. Así lo explica Servando cuando telefonea a sus hermanos superiores el mismo día 31 por la mañana:

> «Se han marchado del campo de Nyamirangwe todas las personas. Estamos solos. Esperamos un ataque de un momento a otro. Si esta tarde no volvemos a telefonear será una mala señal. Lo más probable es que nos quiten la radio y el teléfono. La zona está muy agitada. Los refugiados huyen sin saber a dónde y es muy notaria la presencia de infiltrados y de personas violentas».

A pesar de los riesgos que corrían, Servando, Miguel Ángel, Fernando y Julio mueren porque deciden quedarse junto a los refugiados.

Hasta el último día mantuvieron su compromiso de quedarse al lado de los refugiados, y lo hicieron serenos, con fe y conscientes de los riesgos. Aunque en varias ocasiones sus superiores les invitaron a retirarse del lugar por el claro peligro que corrían, su respuesta siempre era la misma:

> «No podemos abandonar a quienes ya están abandonados de todos».

El testimonio de vida de estos hermanos maristas es hoy Evangelio vivo para nosotros, porque «Nadie tiene amor más grande que el que da la vida por sus amigos» (Jn 15,13).

> «Nuestro lema seguirá siendo "DA VIDA", porque nuestra vida tiene la sabia del que es la Vida. Nuestra vida no se puede confundir con sucedáneos, porque nosotros estamos enganchados a la vida de Jesús». (Servando Mayor)

Reflexión e Investigación

7 IN & OUT ¿Qué sentimiento provoca en ti la vida y testimonio de estos mártires? Actualmente hay cristianos en el mundo que sufren persecución y amenazas a causa de su fe. Investiga a mártires del siglo XXI y haz una breve reseña de alguno de ellos a modo de noticia. Comparte la noticia con tus compañeros.

8 IN Piensa en una persona a la que amas. ¿Qué estás dispuesto a hacer por ella? ¿Darías tu vida por alguien?

#FORTALEZA PERSONAL

EL SENTIDO DE LA JUSTICIA

El sentido de la justicia o imparcialidad es una fortaleza psicológica que nos permite tratar a todas las personas como iguales, a no dejar que los sentimientos personales influyan en las decisiones sobre los otros y dar a todo el mundo las mismas oportunidades. En definitiva, a ser ciudadanos responsables, verdaderos amigos confiables y tener altos valores éticos.

Esta fortaleza desarrolla habilidades para el consenso equitativo, despierta la sensibilidad hacia la justicia social y la compasión.

A LA LUZ DE LA PALABRA

La imagen de hombre justo en los evangelios es Jesucristo. Su figura fue compuesta en la mayoría de los evangelios sobre la imagen del siervo sufriente del libro de Isaías. En el Antiguo Testamento, el «justo» es el que obedece la ley de Moisés; mientras que, en el Nuevo Testamento, es aquel que sigue la ley del amor al prójimo. Jesús es el mejor ejemplo de ello. El Nuevo Testamento presenta la vida de Jesús como el medio más eficaz para vivir el mandamiento del amor y para proceder de una forma justa.

En la Biblia, no se contraponen la justicia divina y la justicia humana. La justicia de la persona fiel a Dios expresa y manifiesta de forma concreta la justicia divina.

> En esto se reconocen los hijos de Dios y los hijos del Diablo: todo el que no obra la justicia no es de Dios, ni tampoco el que no ama a su hermano. (1 Jn 3,10)

Inspiración

9 IN & OUT C El texto bíblico presenta los siguientes dualismos:

- hijos de Dios / hijos del diablo
- justicia / injusticia
- amor / odio

Estos dos mundos se nos ofrecen cada día a las personas. En cada opción y tarea que llevamos a cabo estamos decidiendo de qué lado estamos, según nuestra libre voluntad. ¿Y tú de qué lado estás? Justifica tu respuesta.

- Según el texto bíblico, ¿practicar la justicia en qué acción concreta se traduce?

Entreno IN & OUT

1 **Medito** en silencio sobre el siguiente texto bíblico:

> La obra de la justicia será la paz, su fruto, reposo y confianza para siempre. (Is 32,17)

- ¿Cuál es su sentido profundo?

2 **Compartimos** nuestras reflexiones y **debatimos** sobre la relación que la Biblia establece entre justicia y salvación.

3 **Transformamos** nuestro entorno siendo conscientes de que hay principios éticos universales que se han de seguir y tienen prioridad sobre las obligaciones legales e institucionales convencionales. Consensuamos cinco principios éticos universales que nos ayuden a tomar decisiones.

3 JESÚS, ¿CUMPLIMIENTO DE LA NUEVA ALIANZA?

Aunque la respuesta es afirmativa, nos planteamos la pregunta porque así se lo plantearon las primeras comunidades. Jesús, al que habían seguido y admirado, en quien veían a un **líder,** el **mesías prometido** en la alianza con David, el enviado por Dios para hacer de esta realidad un lugar mejor en el que poder vivir en libertad, **ha muerto en una cruz.** ¿Cómo va a ser el cumplimiento de la nueva alianza el mesías si ha muerto como un criminal?

Releyendo desde esta perspectiva a Jesús investigaron en las Escrituras, nuestro Antiguo Testamento, las respuestas a esa pregunta: ¿es Jesús el Mesías? Y encontraron pistas e imágenes que los llevaron a superar el trauma de la muerte de Jesús. Entre esas imágenes destaca una: la figura del siervo de Yahveh. Afirman así que Él es **el cumplimiento de la nueva alianza.** Descubrieron que su muerte, en sí un fracaso, es compatible con la presencia y acompañamiento de un Dios que es vida. Y si Jesús ha muerto, no pudo ser por otra razón que por la de dar vida (Jn 12,24).

La muerte de Jesús fue un hecho traumático para los seguidores de Jesús, que les hizo buscar una respuesta que no fuera evidente (no puede ser el mesías porque está muerto). Así comprendieron la muerte de Jesús desde su propia vida, desde su mensaje, desde su relación íntima con Abbá.

3.1 DEL SIERVO DE YAHVEH A JESÚS DE NAZARET

Los primeros cristianos identificaron a este siervo anónimo con Jesús en tres momentos:

- En el **bautismo.** «Mirad mi **siervo** (...) en quien me complazco» (Is 42,1; Mt 3,17). En boca de Juan Bautista se expresa: «Este es el cordero de Dios que quita el pecado del mundo» (Jn 1,29), haciendo alusión a «El Señor cargó sobre él todos nuestros crímenes (...) como cordero llevado al matadero» (Is 53,6b;7a).
- En la **última cena.** En las palabras sobre el cáliz: «Esta es mi sangre de la alianza, que es derramada por muchos» (Mc 14,24), en referencia a «Mi siervo justificará a muchos» (Is 53,11b).
- En la **pasión.** En el tercer y cuarto canto podemos verla relatada con todo tipo de detalles.

Análisis

10 OUT C Lee Mt 12,17-18 e Is 42,1-4. Luego, lee Mt 8,17 e Is 53,4 y contesta a la siguiente pregunta:

- ¿Por qué Mateo usa las citas de Isaías para referirse a Jesús? Justifica tu respuesta con lo aprendido en esta unidad.

#interdisciplinar

La **teología de la liberación** surge en **América Latina** a finales de los años 60 con el teólogo **Gustavo Gutiérrez.** Esta teología nace desde el sentimiento de dolor que le produce a la Iglesia la situación de opresión y miseria de aquella tierra. Supone una llamada de atención al cristiano que no puede permanecer impasible ante la injusticia, una apuesta por una Iglesia abierta al mundo y comprometida con él. Porque hablar de los pobres es hablar de Dios: «En verdad os digo que cada vez que lo hicisteis con uno de estos, mis hermanos más pequeños, conmigo lo hicisteis» (Mt 25,40) ¿No es esto lo que hizo Jesús de Nazaret?

3.2 DEL MESÍAS POLÍTICO AL MESÍAS SUFRIENTE

Basta con hacer un análisis sencillo de nuestra sociedad para comprobar que lo que la configura no es el valor de servir, sino el poder. Son muchos los que piensan que el poder da la felicidad sin caer en la cuenta de que el afán por el poder llega a esclavizar al poderoso, puesto que cuanto más tiene más quiere. Este afán de poder tiene como consecuencia que otros vivan en la miseria: por querer tener más se escatima en pagar justamente a los trabajadores, se externalizan empresas a países en los que se vulneran los derechos humanos... Esta realidad, es lo que llamamos **mesianismo político** o mesianismo de poder.

El liderazgo que trae consigo Jesús, su mesianismo, no tiene nada que ver con el que esperaban los judíos de su época. No es un líder político que vaya a unificar Israel en torno a su corona. No es un líder revolucionario que vaya a echar por la fuerza al invasor romano. No es un líder religioso que vaya a purificar el judaísmo del contacto con los paganos.

El liderazgo de Jesús viene marcado por una vida plena centrada en el **servicio,** en la entrega hasta el sufrimiento por amor a Dios y a la humanidad. Es lo que llamamos **mesianismo sufriente,** que no goza con el sufrimiento ni lo busca.

La causa de la muerte de Jesús no son los «pecados» del mundo, ni es la voluntad de Dios. Si Dios es amor, ¿cómo va a enviar a la muerte a su hijo? Su vida y su mensaje molestan a quienes gozan del poder político-religioso, que son quienes juzgan y asesinan a Jesús, no Dios. Cuando a Jesús, inocente, le llega el dolor y el sufrimiento, Dios está en todo momento a su lado. No está solo, y por eso Jesús es capaz de **dar sentido al dolor,** porque lo experimenta desde esa relación íntima de Dios sintiéndose arropado por Él. El sufrimiento tiene un por qué y un para qué. De esa actitud de entrega hasta el extremo nace la salvación, la felicidad absoluta. Solo porque hay muerte puede existir la resurrección, la vida en plenitud.

Para las primeras comunidades cristianas todas las esperanzas anheladas en el mundo bíblico del Antiguo Testamento quedan recogidas y cumplidas en Jesús de Nazaret, al que pondrán el sobrenombre de **«el Cristo»**, es decir, el **Mesías**, el enviado de Dios. Por este motivo afirmamos que Jesús es el cumplimiento de la nueva alianza anunciada por Jeremías. Jesucristo es la **alianza definitiva** de Dios con la humanidad: la ley en piedra queda superada por la ley inscrita en el corazón, el amor como eje de vida y trampolín de la propia felicidad.

#símbolo

Desde los primeros siglos, la Iglesia identificó a Jesús con el símbolo del **cordero.** Lo encontramos presente en la liturgia, en el arte... Encierra una rica simbología, recogida ya en el Antiguo Testamento (cordero pascual del Éxodo, siervo de Yahveh). En los evangelios, Jesús es visto como **cordero de Dios** sacrificado para la salvación de la humanidad.

PRÁCTICA

04 LA NOVEDAD DEL MESÍAS

1 *Visual Thinking*

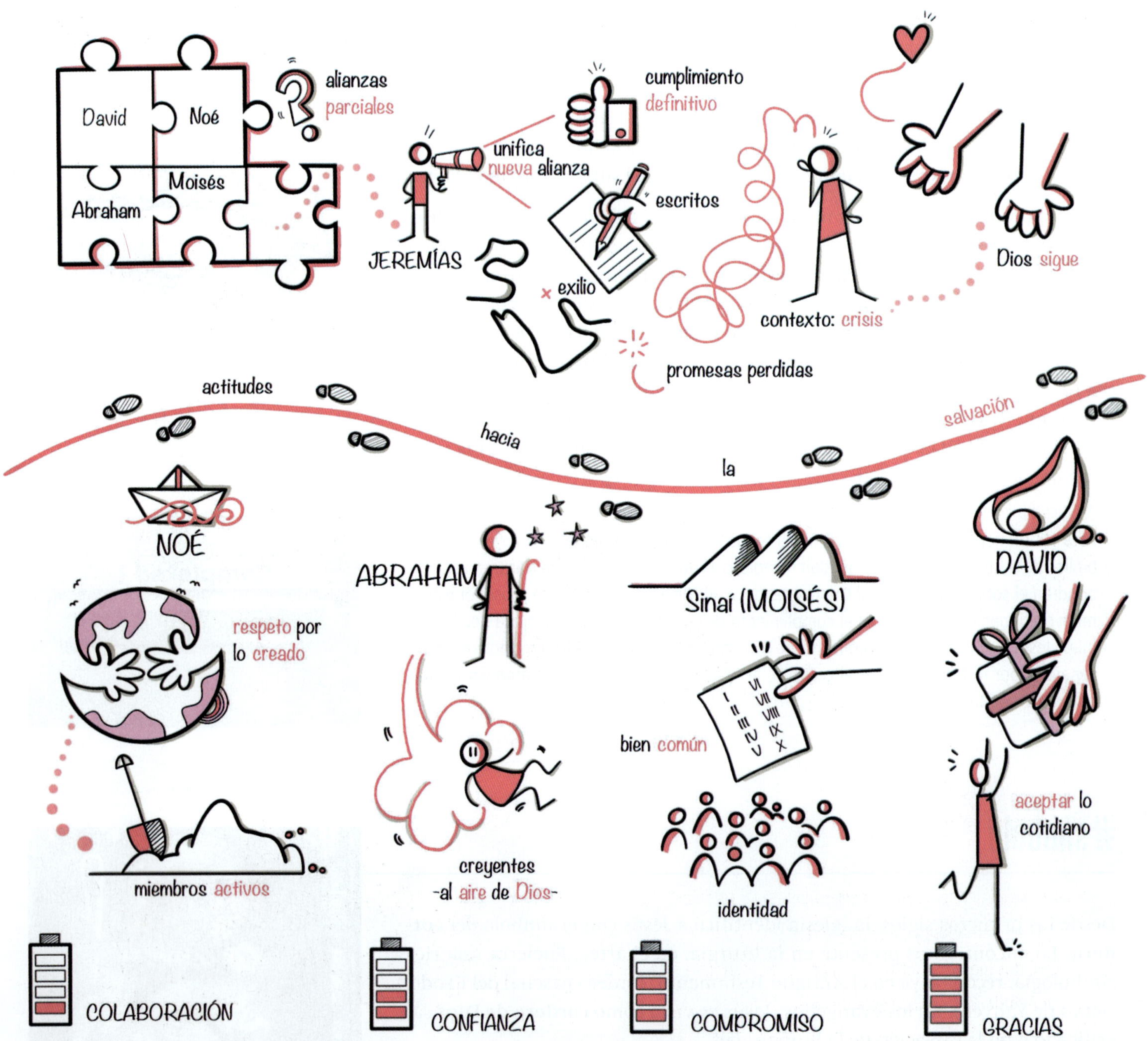

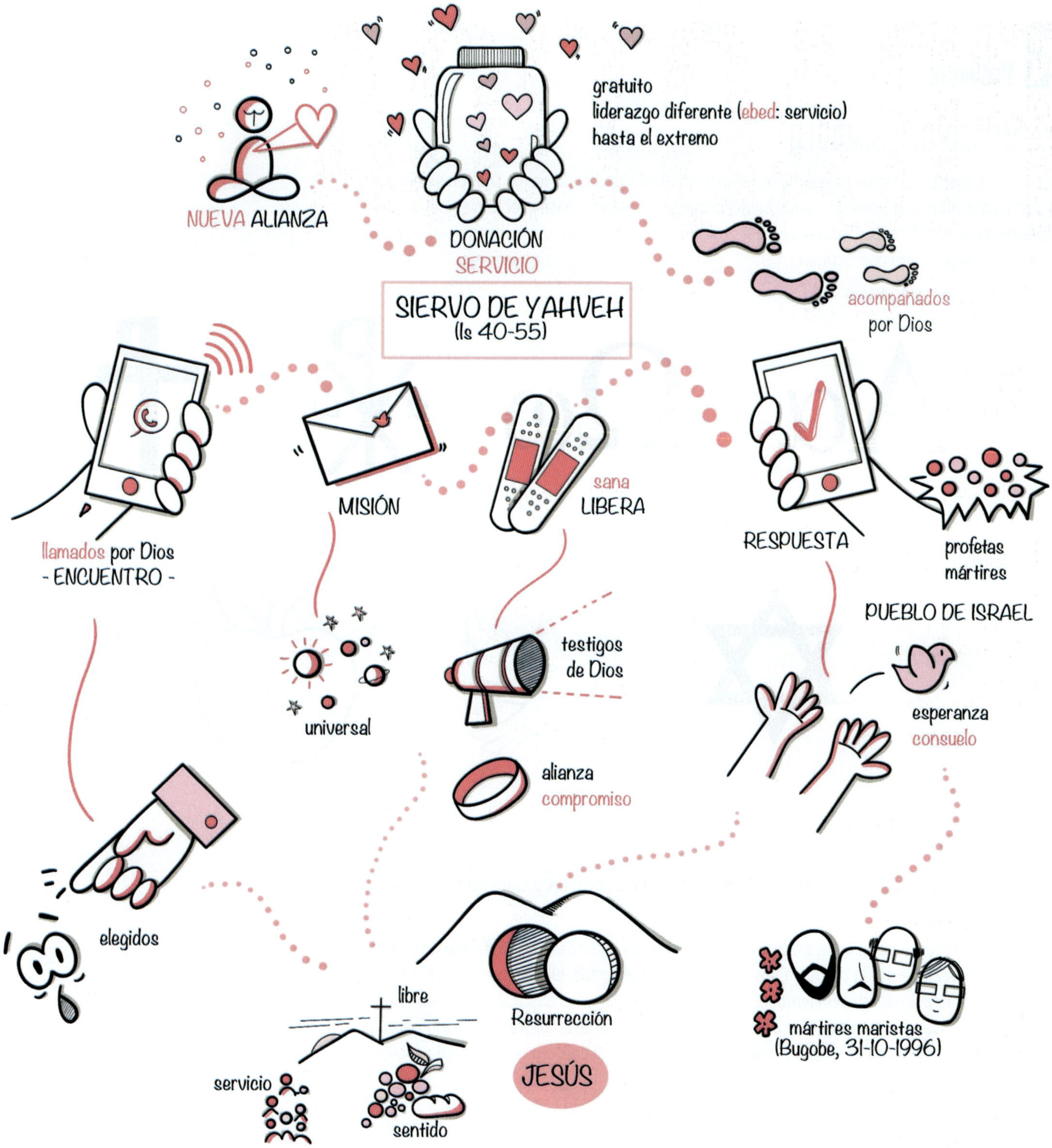

2 Metacognición

1 Analizo y reflexiono sobre lo aprendido en esta unidad.

1. ¿Qué he aprendido y qué he sentido?
2. ¿Qué dos ideas fundamentales me llevo al terminar esta unidad?
3. ¿Qué título le pondría a esta unidad?
4. ¿Qué preguntas me surgen al finalizar la unidad?

3 Proyecto

EL MUSEO DEL SÍMBOLO

Con este proyecto vamos a repasar lo aprendido sobre el significado de los símbolos religiosos y vamos a profundizar en ellos. Todos aquellos que se acerquen a visitar el Museo del símbolo conocerán el significado y la belleza de estos símbolos. Nosotros somos los encargados de desvelar el significado que ocultan.

PRODUCTO FINAL

Vamos a crear un museo donde expongamos los diferentes símbolos y expliquemos sus significados.

A lo largo de estos años en la asignatura de Religión hemos aprendido el significado de muchos símbolos: el pez, la estrella de David, los números, el tetramorfos, el crismón, la nave o barco, la paloma, la cruz invertida, el viento, el agua, el pan y el vino, las alianzas, la flor de loto, la manzana, la escalera de Jacob, el aceite, la cruz, el arcoíris, el estaurograma, el cirio pascual, el triángulo, la tumba vacía, el alfa y omega, el buen pastor, el cordero, el anillo del pescador, la menorá, el decálogo...

¿POR QUÉ UN MUSEO DEL SÍMBOLO?

- Porque somos seres simbólicos.
- Porque la religión es la expresión del encuentro del ser humano con Dios y el lenguaje de esta expresión es simbólico.
- Porque si desconocemos el símbolo, desconocemos el verdadero y profundo significado que oculta.
- Porque el símbolo es una realidad «puente» que une diferentes ámbitos de existencias haciendo presente una realidad de otro orden que apunta al plano del sentido.
- Porque la religión es un rico universo simbólico que necesitamos reconocer para conocer y dar sentido a nuestra cultura, para entender el arte y para interpretar la historia.
- **Porque cuando el sabio señala la luna, el necio mira el dedo.**

COOPERATIVO

Nos dividimos en grupos de tres y repartimos los símbolos. Cada uno de estos grupos elaborará cinco símbolos con su correspondiente explicación, que serán las piezas para exponer en el museo. Entre toda la clase también decidiremos el formato donde irá dibujado el símbolo y el formato donde irá redactada la explicación. De este modo, conseguiremos que todas las piezas del museo queden uniformes.

Los roles que cada miembro del grupo asumirá serán los que aparecen en la tabla.

rol	funciones
coordinador	Se encarga de revisar los cinco símbolos correspondientes, de que se cumplan los plazos establecidos, de corregir los errores, de coordinar a sus compañeros, de ayudar en la elaboración y de corroborar toda la información.
dibujante	Se encarga de hacer el dibujo del símbolo en el formato propuesto.
redactor	Se encarga de redactar la explicación que acompaña al símbolo en el formato propuesto.

NOS PREGUNTAMOS Y NOS AUTOEVALUAMOS

- ¿Cómo podemos llamar a este museo?
- Además de los símbolos propuestos, podemos investigar otros símbolos. ¿Añadimos alguno más?
- ¿Estamos satisfechos con los dibujos que hemos hecho de los diferentes símbolos?
- ¿Hay alguna pieza que tenemos que repetir?
- ¿La información que acompaña al símbolo está bien redactada, es correcta, clara y precisa?
- ¿Podemos incluir algún otro elemento, cartel o mensaje en el museo?

ACTUAMOS

Una vez que tenemos elaboradas todas las piezas, es el momento de juntar las de toda la clase y comenzar a montar el museo. Elegimos un lugar visible y apropiado de nuestro centro donde podamos montar este museo tan especial.

Podemos invitar a compañeros de otros cursos o a familiares para que visiten el museo. Nosotros seremos los especialistas y guías oficiales para explicar y desvelar el lenguaje oculto de los símbolos expuestos. No olvidemos que **somos seres simbólicos.**

05 LOS MILAGROS DE JESÚS

TODOS LOS DÍAS ESTÁN LLENOS DE MILAGROS CORRIENTES. NO HAY QUE BUSCAR MUY LEJOS PARA ENCONTRARLOS

LISA KLEYPAS

OUT

Hola, Eva:

La verdad es que aún no conozco a nadie de la clase, pero he decidido escribirte a ti. Todavía me estoy situando y ni siquiera me sé el nombre de todos los compañeros, soy un desastre para los nombres. Desde el primer día me llamó la atención tu mirada, y las intervenciones que has hecho en clase estos días me han parecido muy especiales.

Soy Ernesto, y he venido a este instituto porque los médicos me han aconsejado que estuviera en un colegio próximo a un hospital por si acaso... Tengo una enfermedad rara desde que nací y de forma frecuente me tienen que hacer pruebas y revisiones. Los médicos dicen que mi vida es un milagro y así la vivo, como un milagro. No te cuento esto para darte pena ni nada por el estilo, no quiero que cambies tu forma de mirarme ni de tratarme, soy un chico normal y me siento muy afortunado. Mi enfermedad es una faena, pero esto no me impide vivir con alegría e intensidad todos los días. La enfermedad, las distintas operaciones y las largas temporadas en el hospital hacen que sea muy consciente de lo que realmente es importante.

Aunque me ha costado mucho dejar mi instituto, estoy muy agradecido por vuestra acogida. Creo que voy a ser muy feliz aquí.

Hablamos, Eva.

IN

Hoy nuestro tutor nos ha propuesto una actividad muy interesante. Nos ha pedido que escribiésemos una carta a un compañero o compañera de clase con el que tuviésemos menos relación y que le contáramos algo de nuestra vida. Casi todos los compañeros nos conocemos bastante bien porque llevamos muchos años juntos, pero hace quince días llegó Ernesto, un nuevo compañero. Como era de esperar, él ha recibido muchas cartas. La sorpresa ha sido que yo he recibido esta carta de él.

Últimamente siento que recibo muchos «mensajes» de diferentes sitios. ¿Significará eso algo? Siempre he pensado que hay que estar atenta a las señales del camino, y desde luego este año señales no me faltan.

Llevo toda la tarde dando vueltas a la carta de Ernesto... «La vida es un milagro», escribe. Siempre he dado por hecho que tenía en mi vida lo que merecía y nunca he creído en los milagros, pero ahora estoy entendiendo eso que aprendí una vez en clase de Religión de que la vida era un don, un regalo; creo que nunca lo acabé de entender del todo... Ahora sí, ahora parece que empiezo a entender que la vida es un auténtico milagro y las piezas del puzle empiezan a encajar.

Leo la carta de Ernesto cientos de veces y... no puedo parar de sonreír. ¿Qué es un milagro?

1 ¿QUÉ ENTENDEMOS POR MILAGRO?

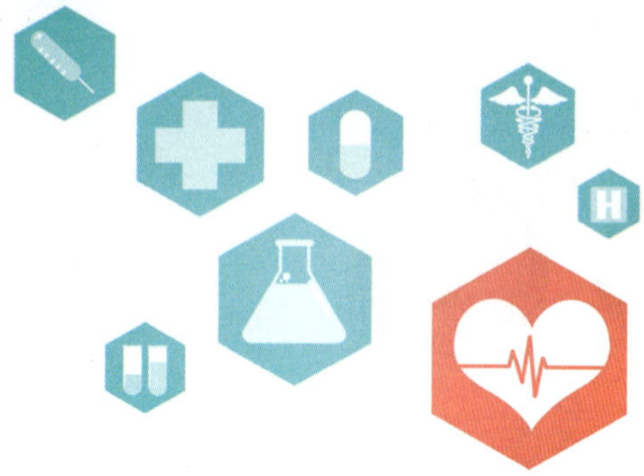

Las palabras necesitan de los hechos para darles credibilidad. Toda la vida de Jesús, lo que dice, lo que hace y su íntima relación con Dios es transparencia del Reino. Vamos a profundizar en uno de los hechos más característicos y peor entendidos de Jesús: los **milagros.** Si los situamos en su contexto y comprendemos su significado podremos entenderlos dentro de su mensaje: **el Reino de Dios ya está aquí.**

El significado de *milagro* está ligado a la forma de entender la realidad en cada época y lugar. Para comprender qué significaba *milagro* en la época de Jesús, debemos aclarar el concepto moderno de milagro, que limita su entendimiento, conocer cómo entendían la realidad en su época y acercarnos al significado bíblico de *milagro*.

En la actualidad, la **actitud científica** es la base para la comprensión de la realidad. Todo está regulado por una serie de leyes naturales que la ciencia trata de conocer para poder explicar los acontecimientos que suceden en la naturaleza. Desde esta concepción, un milagro es una especie de «meteorito» caído del cielo, es decir, se trata de un **hecho extraordinario** que, al no poder ser explicado por los conocimientos científicos actuales, es atribuido a Dios. Como vemos, el peso se pone en lo extraordinario del hecho y no en quién lo hace posible. De hecho, si conociéramos todas las leyes que rigen la naturaleza, no existirían los milagros, porque todo podría tener una explicación científica. Desde esta comprensión de *milagro* se forzaría la fe, porque lo excepcional del hecho es tal que uno no puede no creer. Por tanto, se elimina la libertad en el propio acto de creer, y sin libertad no puede existir la fe. Sería una imposición de la creencia.

Para el **mundo bíblico,** cuya comprensión de la realidad es **precientífica** (no se conocen aún las leyes naturales que regulan la existencia), lo determinante es la experiencia de lo divino y la actitud fundamental es la creencia. El hecho de que Dios actúe en la realidad no es visto como algo excepcional sino como algo habitual y natural: Dios es creador del universo y Señor de la historia. Todo cuanto existe es creación de Dios y depende directamente de Él. La finalidad de la intervención de Dios en la realidad y en la historia es la salvación de sus criaturas.

#etimología

milagro

En los evangelios se emplean tres términos: *dynamis* ('fuerza, energía') *semeion* ('signo') y *erga* ('obras asombrosas'). La traducción al latín usará el concepto de milagro, *miraculum* ('aquello que provoca admiración'), desligándose de la idea original y refiriéndose al impacto que provoca el hecho en el que lo observa.

milagro
↓
miraculum
↓ *mirari* → Contemplar con admiración
↓ *-culum* → Medio o instrumento
↓
Aquello que provocaba admiración, sorpresa o extrañeza

Reflexión

1 IN & OUT C Lee con atención las siguientes frases y contesta a las preguntas.

He aprobado de ***milagro****. Fue un* ***milagro*** *que todos sobrevivieran en ese accidente. Jesús realizó muchos* ***milagros****. El médico dice que es un* ***milagro*** *que se haya curado. Todos los días están llenos de* ***milagros*** *corrientes; no hay que buscar muy lejos para encontrarlos.*

- ¿Qué significa *milagro* en cada una de las frases?
- ¿Crees que existen los milagros?

2 LOS MILAGROS DE JESÚS

Siguiendo al teólogo Serafín Béjar, podemos definir *milagro* como «un hecho histórico que, contemplado a la luz de la fe, se convierte en signo de la misericordia de Dios para un ser humano sufriente y necesitado».

Podemos clasificar estos milagros en tres grandes categorías: **curaciones, exorcismos** y milagros de **control de la naturaleza.**

2.1 LOS MILAGROS EN LOS EVANGELIOS

Los evangelios, que son las fuentes que nos informan de los milagros, fueron escritos por personas con una profunda convicción de que Jesús es Dios. Por este motivo debemos conocer no solo el contenido del milagro, sino la finalidad que busca el autor. Debemos tener en cuenta lo siguiente:

- Los milagros siempre se realizan para el **beneficio del necesitado y no como demostración del propio poder.**
- Las narraciones de los milagros están mediadas por la **experiencia pascual.** Desde la experiencia de la resurrección se relee la vida de Jesús y se incorporan narraciones que, aun no siendo históricas, proclaman la identidad de Jesús como Dios y muestran la naturaleza del Reino de Dios: la salvación.

2.2 HISTORICIDAD DE LOS MILAGROS

Si bien podemos considerar relatos inventados algunos de los milagros, podemos decir que hay un **suelo histórico** por varios motivos.

1. No existen testimonios que nieguen estos hechos de Jesús por parte de sus coetáneos.
2. Existen testimonios no cristianos que los confirman (Flavio Josefo en su obra *Antigüedades judías*).
3. Es complicado pensar que fueran inventados cuando ponen a las primeras comunidades en una tesitura difícil de sostener.
4. Son signos de la presencia del Reino de Dios y están en consonancia con su mensaje.

Investigación

2 OUT Investiga cuatro milagros de Jesús narrados en los evangelios. Con cada uno de los milagros contesta a las siguientes preguntas:

- ¿Qué tipo de milagro es?
- ¿Quién es el beneficiario?
- ¿Qué enseñanza profunda crees que Jesús quiere transmitir con ese milagro?

#enseñanzadelaiglesia

Los milagros de Cristo no son una exhibición de poder, sino signos del amor de Dios, que se actúa allí donde encuentra la fe del hombre (...). Y mientras nosotros siempre buscamos otros signos, otros prodigios, no nos damos cuenta de que el verdadero Signo es él, Dios hecho carne; él es el milagro más grande del universo: todo el amor de Dios contenido en un corazón humano, en el rostro de un hombre.

Benedicto XVI, *Ángelus* (8 de julio de 2012)

3 LAS CURACIONES DE JESÚS

Como ya sabes, para poder comprender el significado de un concepto o de una acción que aparece en los evangelios, debemos situarnos en el contexto de la época en la que ocurren y se narran esos hechos.

3.1 SALUD Y ENFERMEDAD EN LA ÉPOCA DE JESÚS

Hoy en día concebimos la enfermedad como una alteración o disfunción en el organismo del enfermo. Y su sanación, una recuperación de dicha alteración.

En el mundo judío, la enfermedad es una disfunción **integral** de la persona, una ruptura física (conmigo mismo), sociocultural (con los demás) y religiosa (con Dios). Para que exista una verdadera curación se debe recuperar la funcionalidad en esos tres ámbitos que actúan como un solo engranaje. Si una de estas dimensiones se mueve, empuja a las demás para lo bueno y para lo malo. Así, una alteración en su condición social o en su valoración religiosa puede conllevar un mal físico y viceversa. **Curar es restablecer a la persona,** no solo su ámbito físico, sino también en su relación social y su relación con Dios.

Además, los judíos entienden la realidad desde un sistema de **pureza e impureza.** Todo lo que es puro es de Dios, me acerca a Dios y, por tanto, me acerca a mí mismo y a los demás. Todo lo que es impuro me aparta de Dios, de mí mismo y de los demás. La enfermedad es sinónimo de impureza. Toda enfermedad es vista como una pequeña «posesión», una acción del mal que aparta necesariamente al enfermo de Dios y así, de sí mismo y de los demás. Entendido así, la curación en este contexto es, ante todo, una cuestión religiosa. Y son los sacerdotes judíos los que dictarán si una persona está enferma o está sana. Como vemos, la enfermedad también está ligada a la interpretación.

Dimensiones de la persona

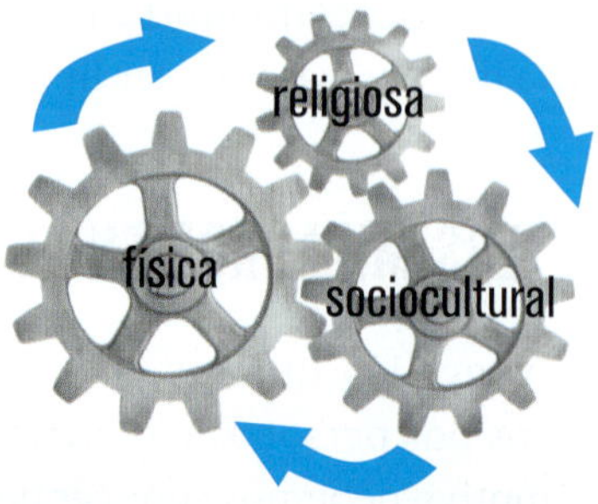

Investigación

3 OUT Investiga sobre la vida de Apolonio de Tiana. La leyenda cuenta que podía resucitar muertos y curar enfermos. Se le atribuye el milagro de terminar con la peste que asolaba Éfeso. ¿Qué similitudes y diferencias encuentras con Jesús de Nazaret?

#interdisciplinar

En la época de Jesús existían tres tipos de «profesionales» de la sanación.

- **Taumaturgos.** Eran considerados intermediarios entre Dios y el enfermo. Tenían el poder concedido por la divinidad de curar y de expulsar demonios. Actuaban sobre el ámbito religioso y sociocultural. Entre los más famosos del siglo I se encuentran **Apolonio de Tiana** y Hanina ben Dosa.
- **Magos.** Su poder residía en el conocimiento de las propiedades curativas de ciertos elementos naturales. Actuaban únicamente en el ámbito físico.
- **Médicos.** Eran los profesionales de la medicina, solo los podían costear las familias pudientes. Su reputación no era muy buena. Actuaban únicamente en el ámbito físico.

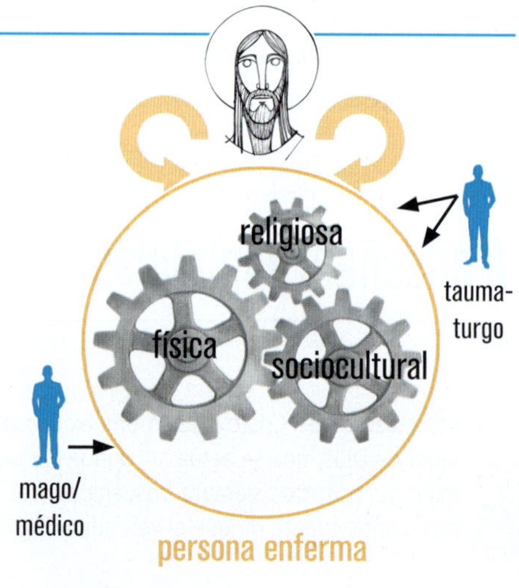

3.2 EL SENTIDO DE LAS CURACIONES DE JESÚS

Que Jesús cura es una realidad, y como hemos visto, no solo él curaba, sino que había otras personas que también lo hacían. Incluso las tradiciones judías, contrarias a Jesús, recuerdan esta actividad. Ahora bien, no sabemos cómo curaba Jesús, a los evangelistas no les interesaba eso. Lo que les interesaba era la parte religiosa del acto, es decir, qué **sentido** tenían las curaciones de Jesús (Mc 3,22-26).

Lo fundamental en las curaciones de Jesús no es el cómo curaba sino el por qué, el sentido de esas curaciones.

Cuando Jesús cura, ¿actúa en nombre de Dios? ¿O son obras del mal? Jesús responde con mucho sentido común: si les he liberado del mal, ¿cómo va a ser en nombre del mal? ¿No ha sido bueno curarles? Pues si ha sido bueno, no puede ser obra del mal.

¿Por qué entonces se le oponen los maestros de la Ley? ¿Por qué no dudan del hecho de las curaciones y sí de su sentido? Esa es la clave de todo. El problema está en si Jesús cuando cura es imagen de Dios o no. Los maestros de la Ley no tienen problemas con que se cure, sino con el **mensaje** que Jesús transmite por medio de las curaciones: **el Reino de Dios, el Dios Abbá, ya está aquí** (Mc 1,40-45).

Para la mentalidad de la época, si uno toca a un enfermo se convierte en impuro y debe quedar fuera del contacto con los demás para evitar que contagie su impureza a otros. Pero Jesús toca, Jesús cura en sábado, Jesús se salta la Ley de Moisés para mostrar la Ley del Reino de Dios. Para Jesús, primero es la persona, luego la Ley.

Para Jesús las curaciones no son solo curaciones, **son signos del Reino de Dios,** son el Reino en acto, visible. En el Reino ya no hay enfermos alejados de Dios, sino que, por el contrario, ellos también y especialmente son hijos de Abbá. Cuando Jesús toca al enfermo le está incluyendo, hasta físicamente, en la sociedad, en la vida y en Dios. Vuelven a ser personas: bienaventurados los enfermos, porque (en el Reino) son hijos de Dios y hermanos de todos los demás seres humanos.

Aquí está el conflicto con los maestros de la Ley de Moisés: o Dios es Abbá y acoge al enfermo o Dios es el del Templo y debemos excluir a los enfermos, poseídos por el mal. Mateo lo dice con una claridad absoluta:

> «Los ciegos ven y los cojos andan; los leprosos quedan limpios y los sordos oyen; los muertos resucitan y los pobres son evangelizados. ¡Y bienaventurado el que no se escandalice de mí!» (Mt 11,5-6).

¿Cómo sabemos si Jesús es el Mesías o no? Por sus actos. Las curaciones de Jesús son imágenes vivas del Reino, actos que visualizan el mensaje de Dios. Los enfermos son incluidos y ya no quedan fuera de la sociedad, ni fuera del templo, ni fuera de la salvación. Nadie queda fuera del Reino. ¿Os acordáis de las Bienaventuranzas? Los pobres dejan de ser pobres, los enfermos dejan de ser enfermos... **¡Este es el Reino!**

Profundización

4 OUT C Lee el milagro de la curación de un leproso en **Mc 1,40-45** y la curación del ciego Bartimeo en **Mc 10,46-52**. ¿Qué mensaje profundo quiere transmitir Jesús al realizar estos milagros? Desarrolla tu respuesta con lo aprendido en este apartado.

IRENE VILLA

El 17 de octubre de 1991 la banda terrorista ETA sembraba el pánico en Madrid con tres coches bomba. En uno viajaba Irene Villa junto con su madre, hacían el mismo recorrido de todos los días, pero esta vez fue diferente, justo antes de dejarla en el colegio, el coche volaba por los aires. En un primer momento y en medio del caos, dan a Irene por muerta, hasta que alguien se da cuenta de que sigue respirando. Madre e hija son trasladadas a distintos hospitales. Irene tenía 12 años y perdía las dos piernas y tres dedos. Su madre perdía el brazo y la pierna derecha.

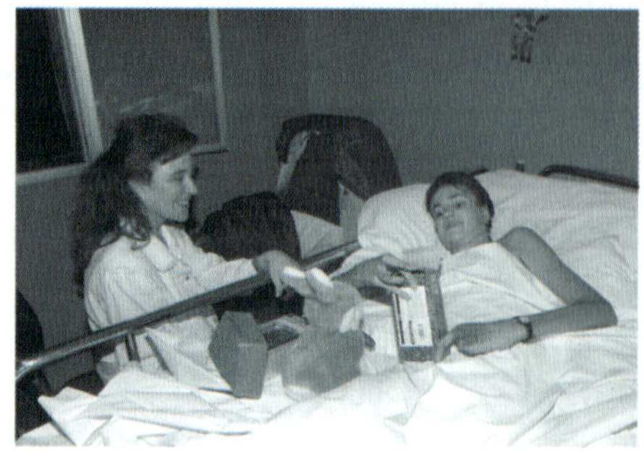

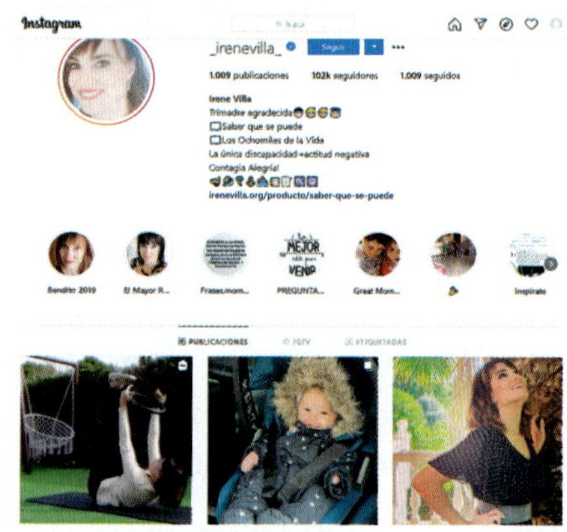

Cuando la madre de Irene se encuentra con su hija le dice:

> «Esto es lo que tenemos. Por mucho que lloremos y despotriquemos, la realidad no va a cambiar, pero sí tenemos dos opciones: una es vivir amargadas, sufriendo, maldiciendo a los terroristas y ser también unas desgraciadas nosotras. O dos, decidir que tu vida empieza hoy y que tienes que mirar hacia adelante con alegría y optimismo».

Irene lo tiene claro y dice: «mamá, he nacido sin piernas y a partir de ahora si me caigo me levanto y no tengo a nadie a quien odiar». No fue fácil, pero Irene se enfocó en salir adelante.

> «Tuve siempre a mi lado mucho cariño, mucho calor y todo el apoyo. La noticia dio la vuelta al mundo y me llegaban cartas de todo el mundo animándome. Esto fue muy importante. Qué necesario es sonreír justo cuando la vida menos merece que sonrías. Qué importante es que cuando estás en el suelo, alguien crea en ti, alguien vea en ti la posibilidad de que vas a salir adelante. No tenía piernas, pero tenía mucho amor».

Desde el principio tuvo claro que no se puede vivir desde el odio, sino que la clave está en **perdonar.**

> «Hay que perdonar. Para poder seguir viviendo es fundamental quitarse el odio y el rencor. La ira, el odio, la rabia y el resentimiento son el peor veneno del alma, solo sirven para sufrir».

Irene perdió sus dos piernas, pero no perdió su sonrisa ni las ganas de vivir. Hoy es periodista, escritora, psicóloga y conferenciante. Autora de varios libros como *Saber que se puede* (2004), *Nunca es demasiado tarde, princesa* (2013) y *Los ochomiles de la vida* (2020). Además, es la campeona de España de esquí alpino adaptado. Y fue elegida una de las Top 100 mujeres líderes más influyentes de España 2013-2016.

Cuando Irene ve las imágenes del atentado piensa que **su vida es un milagro.**

> «Pienso que es imposible que ese saco de carne y huesos haya aprendido a caminar, que haya sido madre y que haya hecho todo lo que ha hecho».

Sin duda, la vida de Irene es inspiradora, nos enseña que no se puede vivir con miedo, pena o rencor. Y es un ejemplo de **fortaleza, templanza, superación** y **perdón.**

Reflexión

5 OUT Visualiza la entrevista a Irene Villa (puedes acceder a través del código QR) y contesta a las siguiente preguntas:

- ¿Qué titular pondrías a esta entrevista?
- ¿Qué es lo que más te llama la atención?
- ¿Qué enseñanzas de Irene crees que puedes aplicar a tu vida?

6 IN El último libro de Irene Villa se titula *Los ochomiles de la vida.* Un ochomil es una elevación por encima de los 8000 m sobre el nivel del mar; en el mundo hay 14 picos que superan esta altura y son todo un reto para los alpinistas. ¿Cuáles son ahora en tu vida tus ochomiles?

#FORTALEZA PERSONAL

LA TEMPLANZA

La templanza es una gran virtud que se caracteriza por el hábito de la automoderación juiciosa y razonable de los impulsos y del uso excesivo de los sentidos. Es la virtud que nos capacita para controlar y canalizar inteligentemente nuestros sentimientos y nuestros deseos y da la posibilidad de dirigir actividades y pensamientos de manera equilibrada. Hay quien ve la templanza como una virtud maestra, porque alrededor de ella giran las demás virtudes.

Es un valor ordenador en la armonía y perfección de la interioridad de la persona. De hecho, la templanza se refiere a la ética personal, puesto que es un dinamismo interno del sujeto. Es adecuarse a las reglas internas, no a las reglas externas de la sociedad. Lo cual significa que esta virtud no es sinónimo de represión, sino de moderación. Es la afirmación positiva de la integridad personal. La persona moderada es la que sabe afrontar la realidad con serenidad, centrada en lo que de verdad importa.

Esta virtud se compone de cuatro fortalezas que nos protegen de los excesos:

- El perdón y la compasión nos protegen de los excesos del odio.
- La humildad y la modestia nos protegen del exceso de amor propio, de la soberbia y de la arrogancia.
- La prudencia nos protege de los excesos asociados con un hedonismo exagerado.
- El autocontrol es la capacidad de controlar los propios impulsos y emociones.

A LA LUZ DE LA PALABRA

En las palabras que el apóstol Pablo dirige a Timoteo podemos encontrar una valiosa enseñanza:

> Dios no nos ha dado un espíritu de cobardía, sino de fortaleza, de amor y de templanza. (2 Tim 1,7)

Pablo habla de la importancia del amor y del dominio propio, es decir de la templanza. Dios no quiere que la derrota sea parte normal de la vida de las personas. En realidad, tendríamos que ser personas bien disciplinadas antes que esclavas de nuestras emociones. Vencer las emociones significa no permitir que estas nos impidan hacer algo que deberíamos estar haciendo, no deben dominarnos. Ello implicaría una derrota, y en mi interioridad no puedo aceptar el ser una persona derrotada por esas reacciones emotivas. Por el contrario, tenemos que ser disciplinados y vencer los sentimientos de miedo o de odio.

Inspiración

7 IN ¿Qué aprendizajes te llevas sobre la virtud de la templanza a la luz de la Palabra?

8 IN & OUT ¿Qué personas de tu entorno destacarías por su templanza? ¿Son referentes en tu vida?

Entreno IN & OUT

1 **Recuerdo** y **analizo** aquellas situaciones en las que me he dejado llevar por un impulso incontrolable y he hecho algo que ha podido hacerme daño a mí o a otros. ¿Qué emociones, sentimientos o deseos originaron ese impulso?

2 **Compartimos** y **reflexionamos** sobre estas situaciones que hemos vivido. ¿Seguimos dejándonos llevar por estos impulsos? ¿Cómo podemos aumentar nuestro autocontrol?

3 **Comentamos** la siguiente reflexión: *no siempre estarás motivado, tienes que aprender a ser disciplinado.*

4 **Transformamos** nuestra mirada sobre el auténtico valor de la disciplina y las ventajas que conlleva ser disciplinado en cualquier situación vital y proyecto que afrontamos.

4 LOS EXORCISMOS DE JESÚS

Jesús era conocido por sus exorcismos. Son muchos los pasajes que los narran y sus coetáneos no lo niegan, solo ponen en cuestión que los haga en nombre de Dios. Una vez más, lo importante no es si fueron hechos históricos, sino su **significado.**

Representación del mundo de los espíritus en tiempos de Jesús*

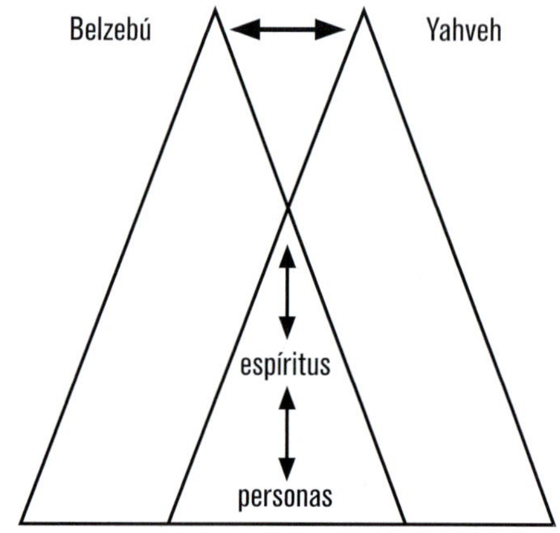

*Aguirre, R. et al. (2009), *Qué se sabe de... Jesús de Nazaret*, Verbo divino.

4.1 EN UN MUNDO DE ESPÍRITUS

La sociedad de Jesús creía en la existencia de espíritus: seres intermedios que podían intervenir en la vida cotidiana de las personas. Todos aquellos cambios que no podían ser explicados (enfermedades repentinas, catástrofes, comportamientos «anormales») se les atribuían a estos espíritus.

Desde aquí se interpretaba que el «poseído» era aquel cuya conducta estaba fuera de la normalidad a causa de los espíritus. Pero ¿quién dictaminaba el **origen** de esa «posesión»? Las autoridades político-religiosas en acto público. Este acto era fundamental y marcaba el tratamiento y la solución. Si la causa se veía en un espíritu de Dios, la «anomalía» simplemente era una prueba que tenía que superar. Si la causa era un espíritu maligno, la persona necesitaba someterse a un exorcismo para retomar la normalidad.

De este modo, la posesión jugaba un doble factor. Por un lado, era un sistema de **control social** por parte de las autoridades, que tenían el poder de designar la procedencia maligna o benévola de ese espíritu. Y, por otra parte, funcionaba como un **«escape»** a la presión de lo «políticamente correcto» y establecido: solo un «endemoniado» podía criticar y maldecir sin ser juzgado con pena de muerte al poder político, religioso o al sistema sociocultural existente.

4.2 JESÚS ACOGE, LIBERA Y TRANSFORMA LA VIDA DEL «POSEÍDO»

La novedad en los exorcismos de Jesús radica en las siguientes claves:

1. Él está al margen del sistema de opresión. **Su interés no es el de la autoridad.**
2. Jesús señala las injusticias al liberar al poseído y transformar radicalmente su situación vital. Contribuye a una modificación del sistema. Por eso, las élites político-religiosas verán en su manera de obrar un **peligro** para sostener la «normalidad» vigente y cuestionarán su autoridad (Mt 12,24).
3. Sus exorcismos tienen un sentido religioso, con ellos **hace presente el Reino de Dios.** El bien vence al mal, a todo lo que oprime a la persona. La nueva era ha comenzado. Todos son dignos hijos de un mismo padre (Lc 11,20).
4. La única condición que pone para que se den es la **fe** (Mc 6,5-6).
5. Apuntan a **desvelar la identidad de Jesús,** ya que hasta los espíritus le reconocen como Hijo de Dios (Mc 3,11).

Profundización

9 OUT C Lee el exorcismo que hace Jesús en Mc 1,21-28. ¿Qué mensaje profundo quiere transmitir Jesús al realizar este milagro? Desarrolla tu respuesta con lo aprendido en este apartado.

5 LOS MILAGROS DE CONTROL DE LA NATURALEZA

Los milagros de control de la naturaleza son creaciones pospascuales. Son formas narrativas que, partiendo de algún hecho de la vida de Jesús, han sido muy reelaborados por la primera comunidad con la finalidad de **expresar la verdadera identidad de Jesús:** Jesús es Dios. Esta idea es clave para comprender su significado. Jesús camina sobre el mar (Mc 6,49s), calma la tempestad (Mt 8,23-27), multiplica panes y peces (Jn 6,1-14), devuelve a la vida a su amigo Lázaro (Jn 11,1-44)... Son milagros muy dispares entre sí que apuntan a la misma idea: **Jesús es Señor de la Creación** y, por tanto, puede manejarla en su propósito de establecer el Reino de Dios en esta realidad.

Investigación y Comparación

10 OUT Busca dos obras de arte sobre las bodas de Caná. ¿Aparecen los mismos elementos en las dos obras? ¿Hay algún elemento o símbolo que aparece en el relato de Juan y no está reflejado en estas obras?

Mosaico de las Bodas de Caná, Marko Ivan Rupnik.

5.1 LAS BODAS DE CANÁ (JN 2,1-11)

Juan coloca esta escena en el séptimo día de la vida pública de Jesús, el día en que empieza lo nuevo, el día en el que finaliza la Creación (recuerda la simbología del número siete). Nos sitúa en una boda, símbolo de alianza, amor y alegría. No sabemos quién se casa. El texto es un relato que trae a la mente de los oyentes, los judíos, la alianza (matrimonial) entre Dios e Israel. Por eso no salen detalles de quién se casa. La gente sabe que la boda es entre Dios e Israel.

Un día de fiesta y alegría se torna en tristeza y abatimiento porque ¡falta el vino! Es un guiño a los oyentes para indicarles que la alianza de Israel con Dios «está sin vino», no funciona, está muerta.

Había seis tinajas de piedra para las purificaciones y están vacías: nos sitúan ante la idea de que la Ley del pueblo de Israel está «vacía», es imperfecta, no puede salvar. En este contexto, comienza la actuación de Jesús que mandará que llenen de agua esas tinajas. Al sacar el líquido de ellas, ya no es agua lo que sale sino un vino extraordinario. Cuando uno descubre en su vida el Reino de Dios y lo acepta, todo se transforma en **alegría, abundancia** y **vida.** Es la muestra del banquete definitivo, el vino bueno que por fin ha llegado. Las esperanzas de los pobres de Yahveh han sido cumplidas en Jesús, Dios con nosotros.

Aquí aparece **María.** En el Evangelio de Juan, es símbolo de los pobres de Yahveh, los desechos de la sociedad. Ellos, que tienen todo perdido, en boca de María, no aceptan esta situación y piden a Jesús que actúe. Él lo hará desde la fe de María, desde las esperanzas de los que nada tienen. Es en la fe de los más necesitados donde comienza el Reino de Dios: **«Haced lo que Él os diga»** (Jn 2,5).

#símbolo

En la Biblia encontramos numerosas referencias al **vino.** Es símbolo de alegría en banquetes (Sal 104,15); símbolo medicinal porque nos sana de la muerte (1 Cor 15,55-57); el vino nuevo representa la novedad del Reino de los Cielos y como sangre simboliza la presencia de Cristo: «Este cáliz es la nueva alianza en mi sangre; haced esto cada vez que lo bebáis, en memoria mía» (1Cor 11,25).

PRÁCTICA

05 LOS MILAGROS DE JESÚS

1 *Visual Thinking*

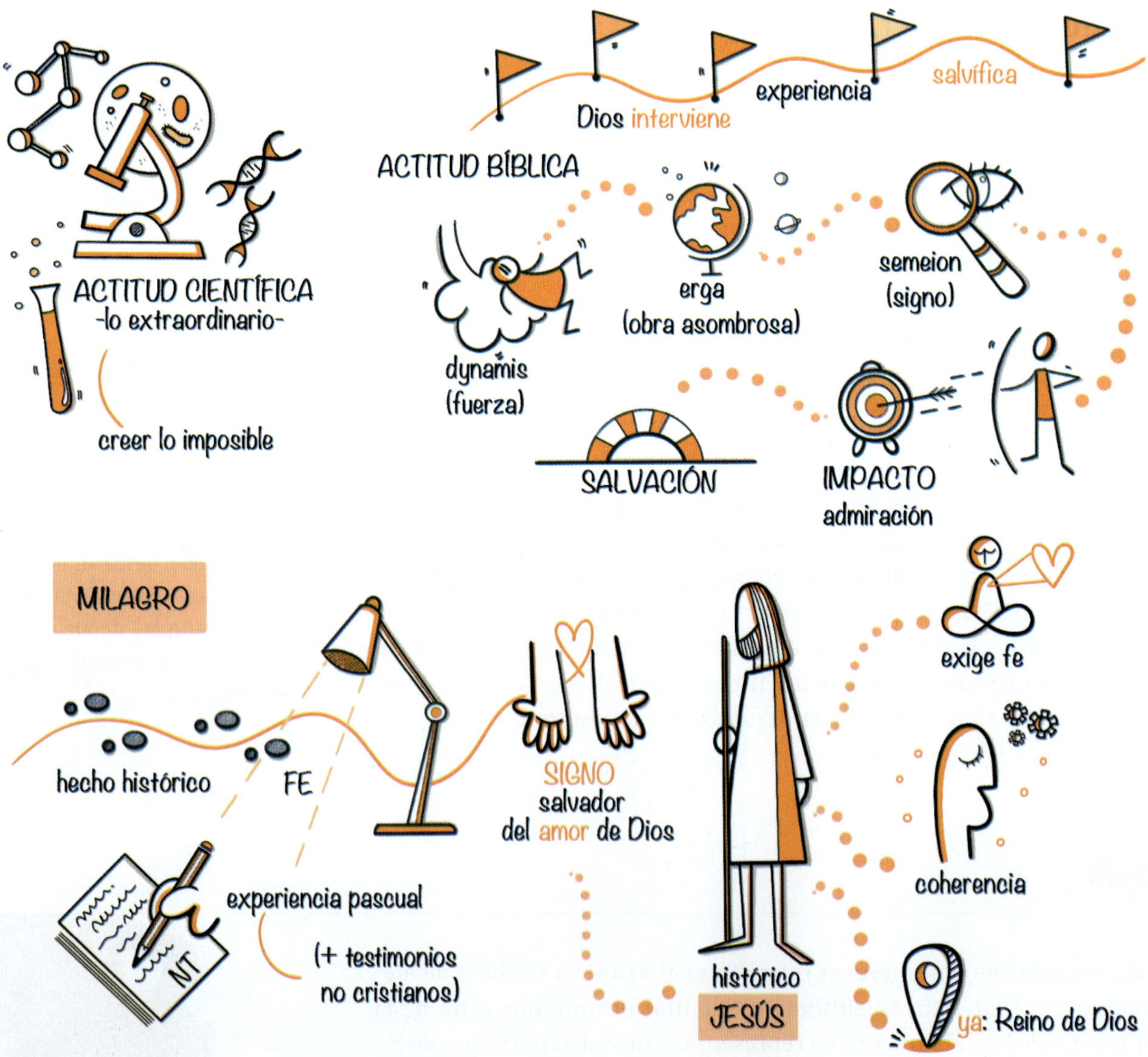

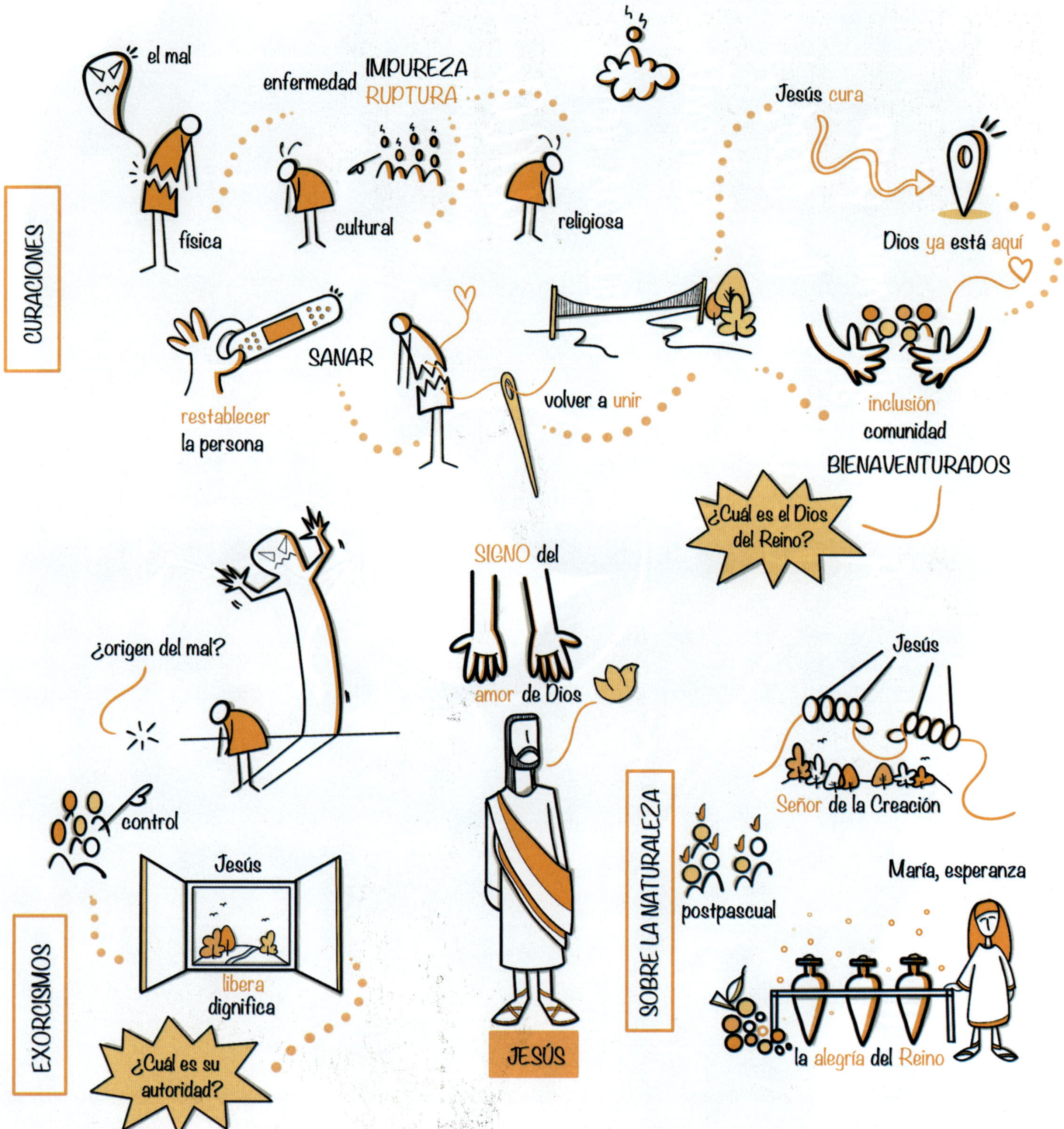

2 Metacognición

1 Analizo y reflexiono sobre lo aprendido en esta unidad.

1. ¿Qué he aprendido y qué he sentido?

2. ¿Ha cambiado la idea que tenía sobre los milagros de Jesús?

3. Al finalizar la unidad, ¿cómo definiría milagro?

4. ¿Qué preguntas me surgen al finalizar la unidad?

06 LA LLAMADA

OUT

Querida hermana:
Gracias por la cena de despedida, sé que tú has sido quien más te lo has currado. Supongo que pensarás que estoy loco, pero desde hace un tiempo me apetecía dar este giro a mi vida.
Sabes, porque me conoces bien, que siempre he sido una persona muy inquieta y en búsqueda, y aunque tú no lo quieras reconocer, sé que tú también eres así.
Mi comunidad de la parroquia y las sesiones de *coaching* que he realizado este último año han sido el empujón definitivo que me faltaba para lanzarme a esta aventura. Cuánto voy a echar de menos a la gente de la parroquia, siempre han estado ahí y, sin duda, han sido un pilar fundamental en mi vida.
El hecho de compartir esta misión y vocación con Carlota me hace muy feliz y llena de sentido la historia que compartimos desde hace ya ¡cuatro años! Por cierto, gracias por querer tanto y siempre a Carlota, para ella tú también eres una hermana.
Cuida mucho a papá y a mamá. Sé que a papá le cuesta mucho entender mi decisión porque siempre ha soñado que yo continuaría con la farmacia (la verdad es que cuando decidí estudiar Farmacia esa era también mi idea), pero ahora siento que ese no es mi sitio. Ojalá tú también persigas siempre tus sueños y encuentres tu vocación.
No estés triste, ¡ahora ya no existen las distancias!
Nos wasapeamos y hablamos.
Te quiero mucho, hermanita.

IN

Mi hermano me ha dejado esa nota en la cama... Qué manera de llorar. Él siempre ha sido un referente para mí. Y aunque nos queremos mucho, no hemos sido nunca grandes confidentes ni hemos mantenido conversaciones profundas sobre nuestra vida.
Supongo que él siempre me ha visto como su hermana pequeña.
Su decisión de irse a vivir a África con su novia me ha dejado descolocada. Se van con una ONG cristiana (no recuerdo su nombre). Ya habían colaborado otras veces con ellos de manera puntual, pero ahora han decidido comprometerse de forma radical. Van a dedicar su vida a los más pobres, están convencidos de que allí y con ellos está su sitio. Lo que más me sorprende es lo claro que lo tienen. Se les ve felices y con un brillo en los ojos que antes no tenían.
Me da envidia... Yo no sé lo que quiero hacer con mi vida. Ni siquiera sé lo que voy a hacer el curso que viene, no sé si estudiar bachillerato, si hacer un módulo o irme con Jaime y... ¡hacerme budista! Siempre he pensado en hacer Farmacia como mi hermano, pero no sé si era por imitarle o porque es lo que he vivido siempre en casa. ¿Cuál es mi vocación? ¿Dónde puedo encontrar respuestas?
Sabía que mi hermano siempre ha sido muy feliz en la comunidad de la parroquia, pero no sabía que era tan importante en su vida. Aunque me han invitado en alguna ocasión, yo nunca he querido pertenecer a esa comunidad... No sé. ¿Y si me estoy perdiendo algo que merece la pena?
Lo que tengo claro es que necesito parar y pensar qué quiero hacer con mi vida, cuál es mi vocación, a qué me siento llamada. A veces siento tanto ruido a mi alrededor...
Por cierto, me animé y mañana empiezo el voluntariado en el centro de acogida de menores.

1 LA LLAMADA AL SEGUIMIENTO

Jesús, con su modo de hacer y su forma de actuar, nos está hablando de Dios. Una de las cosas que Jesús hace es **llamar al seguimiento.** Esta llamada genera comunidad y supone una forma nueva de entender las relaciones. Todos los evangelistas recogen esta llamada de Jesús a sus discípulos.

> Pasando junto al mar de Galilea, vio a Simón y a Andrés, el hermano de Simón, echando las redes en el mar, pues eran pescadores. Jesús les dijo: «Venid en pos de mí y os haré pescadores de hombres». Inmediatamente dejaron las redes y lo siguieron. (Mc 1,16-18)
>
> Vio a otros dos hermanos, a Santiago, hijo de Zebedeo, y a Juan, su hermano, que estaban en la barca repasando las redes con Zebedeo, su padre, y los llamó. Inmediatamente dejaron la barca y a su padre y lo siguieron. (Mt 4,21-22)
>
> En aquellos días, Jesús salió al monte a orar y pasó la noche orando a Dios. Cuando se hizo de día, llamó a sus discípulos, escogió de entre ellos a doce, a los que también nombró apóstoles. (Lc 6,12-13)
>
> Al día siguiente, determinó Jesús salir para Galilea; encuentra a Felipe y le dice: «Sígueme». (Jn 1,43)

1.1 CONDICIONES PARA EL SEGUIMIENTO

La finalidad de Jesús no es tener seguidores a toda costa, sino que estén comprometidos con su causa: hacer presente el Reino de Dios en esta realidad. Por ello, tras la llamada al seguimiento, se encuentran una serie de condiciones.

Ruptura con el entorno familiar. Exige dejar los lazos familiares, las seguridades, lo que frena... En definitiva, salir de la zona de confort para comenzar una nueva vida.

> Otro le dijo: «Te seguiré, Señor. Pero déjame primero despedirme de los de mi casa». Jesús le contestó: «Nadie que pone la mano en el arado y mira hacia atrás vale para el reino de Dios». (Lc 9,61-62)

Radicalidad de vida. Jesús pide vivir desde la raíz, desde Dios-Abbá, desde el amor incondicional, y actuar como Hijos de un mismo Dios, hermanos de un mismo Padre.

> «Amarás al Señor tu Dios con todo tu corazón, con toda tu alma, con toda tu mente (...). Amarás a tu prójimo como a ti mismo». (Mt 22,37.39)

Fidelidad en su misión. Ser discípulos de Jesús implica fidelidad a su proyecto, el Reino de Dios. Una fidelidad proactiva: en favor de que ese Dios se haga presente en esta realidad.

> «Id al mundo entero y proclamad el Evangelio». (Mc 16,15)

#etimología

vocación

Del latín *vocatio*, 'acción de llamar'.
Según la RAE, significa la 'inspiración con que Dios llama a algún estado, especialmente al de religión'. Y según **Emmanuel Mounier** es un principio creador; es el descubrimiento progresivo de un principio espiritual de vida que no reduce lo que integra, sino que lo salva, lo realiza al recrearlo desde su interior.

vocación
↓
vocatio
↓
Acción y efecto de llamar

Reflexión y Análisis

1 IN & OUT C Cuando decimos *yo sigo a tal autor* o *soy seguidor de este artista*, ¿qué queremos decir? ¿Qué significa *seguir*? ¿Por qué queremos tener muchos *seguidores* en redes sociales? ¿Qué nos aportan?

2 IN ¿Has pensado cuál es tu vocación? ¿A qué estás llamado?

3 IN & OUT C Lee Mc 1,16-20, Mc 2,13-17, Mc 3,13-19 y Mc 10,17-22. Identifica en estos textos las características de la llamada de Jesús y las condiciones para el seguimiento.

1.2 LA NOVEDAD DEL SEGUIMIENTO

La existencia de maestros y discípulos no es ninguna novedad. Sabemos que en tiempos de Jesús existen discípulos que siguen a maestros (rabinos, doctores de la Ley). Sin embargo, la relación que establece Jesús con sus discípulos va más allá. Jesús dota de un nuevo sentido a las relaciones discípulo-maestro, establece un nuevo modelo de convivencia. La llamada al seguimiento nos habla de la **novedad** del Reino de Dios. Y es novedosa por varios motivos:

- La relación discípulo-maestro en el judaísmo es una **relación intelectual.** El discípulo de un rabino en un centro de enseñanza judía no tiene como objetivo «seguir» al maestro sino aprender la Torá, algo parecido a la relación que se establece entre alumno y profesor. La novedad de Jesús radica en que su llamada es para la **comunión de una vida,** no es algo doctrinal. La llamada de Jesús transforma, va más allá del plano intelectual. Simón o Andrés no siguen a Jesús para aprender, sino para convertirse, para ser ¡pescadores de hombres!
- No es el rabino el que llama al discípulo a seguirle, sino que es el discípulo el que busca a su maestro. En el caso de Jesús, **es Él quien llama** a sus discípulos, es Él, el maestro, quien toma la iniciativa.
- Los discípulos de los rabinos deben servir a su maestro (le lavan los pies al **rabí**, le sirven la mesa, le limpian la casa...). Y este servicio al maestro es una parte esencial en el estudio de la Torá. En el caso de Jesús, la novedad es escandalosa, porque **es Él quien sirve a sus discípulos.** Recuerda el lavatorio de los pies, es Jesús, el maestro, quien se arrodilla para lavar los pies a sus discípulos.

rabí: maestro, rabino, doctor de la Ley judía.

> Porque el Hijo del hombre no ha venido a ser servido, sino a servir y dar su vida en rescate por muchos. (Mc 10,45)

> Porque ¿quién es más, el que está a la mesa o el que sirve? ¿Verdad que el que está a la mesa? Pues yo estoy en medio de vosotros como el que sirve. (Lc 22,27)

- En el mundo judío la relación discípulo-maestro es **temporal,** el tiempo de aprendizaje tiene un principio y un final. Sin embargo, Jesús deja claro que nosotros estamos destinados siempre a ser **discípulos.**

> Vosotros, en cambio, no os dejéis llamar rabí, porque uno solo es vuestro maestro y todos vosotros sois hermanos. (Mt 23,8)

- La enseñanza de los rabinos exigía una organización docente y un lugar. En Jesús, por el contrario, no existe ni organización ni temario que tengan que aprender, ni tampoco un centro de enseñanza, sino que recorre los caminos con los discípulos, es una vida **siempre en camino.** Porque «Las zorras tienen madrigueras, y los pájaros del cielo nidos, pero el Hijo del hombre no tiene donde reclinar la cabeza» (Lc 9,58).

En definitiva, Jesús llama al seguimiento, pide que le sigan, pero en el fondo lo que pide es una confesión de fe; cuando sigues a Jesús, tu vida se transforma. Jesús no enseña la verdad, sino que **Él es la verdad;** no indica un camino a seguir, sino que **Él es el camino;** no enseña un código ético para vivir, sino que **Él es la vida.**

Reflexión

4 IN & OUT En el contexto de Jesús de Nazaret, el concepto *seguir* ¿es diferente? ¿Apunta a algo distinto? Justifica la respuesta.

2 LAS DISCÍPULAS DE JESÚS

Cuando hablamos de discípulos y discípulas de Jesús no nos referimos exclusivamente al grupo de los Doce, sino a todo aquel que, atraído por Jesús y su mensaje, se convierte en su seguidor. Estas personas podían efectuar un seguimiento explícito, es decir, pertenecer al grupo itinerante de los discípulos de Jesús, o un seguimiento implícito, ofrecer sus hogares y pertenencias a Jesús y su causa.

Si bien es conocido el grupo de varones que seguían a Jesús, no lo es tanto el de las mujeres. Por ello, vamos a profundizar en el conocimiento general de este grupo y vamos a investigar a algunas de ellas.

2.1 EN UN MUNDO DE HOMBRES

La Palestina del siglo I era un tiempo de hombres. La mujer estaba siempre a la sombra de un hombre: ya fuera de su padre; de su esposo; o si se quedaba viuda, de su hijo si lo tuviera, y si no... a la calle, a mendigar para sobrevivir. La mujer era considerada impura, apartada de Dios, de la sociedad y de sí misma por estar en contacto con la sangre en la menstruación y por dar a luz a los hijos. Su sitio era el hogar, y su misión principal, el cuidado y la educación socio-religiosa de los hijos. Se la consideraba incapaz para aprender la Ley, no tenía posibilidad de iniciativa pública, ni su testimonio era válido ante el juez.

2.2 SILENCIADAS Y ARRINCONADAS

El número de mujeres que siguieron a Jesús es mucho mayor del que se narra en los evangelios. Este dato puede resultar chocante, pero nos habla de una realidad: no podemos identificar al conjunto de mujeres que siguieron a Jesús, vivieron su mensaje y dieron testimonio de él con sus propias vidas con aquellas que son nombradas explícitamente en los evangelios. Hoy en día, se estudia el papel de las mujeres en la comunidad de Jesús y en el posterior desarrollo de las primeras comunidades de la Iglesia.

Investigación

5 IN & OUT C Lee Mc 15,40-41; Mc 16,1-8 y Mc 16,9-11. ¿Qué mujeres aparecen? ¿Qué les ocurre? ¿Cómo se sienten? ¿Por qué crees que juegan un papel tan importante en la historia del cristianismo?

2.3 TESTIGOS DE LA RESURRECCIÓN

Estamos ante una paradoja. Ellas, que apenas aparecen en los evangelios, serán las únicas que seguirán a Jesús hasta el final. Ellas, que vivían las consecuencias de una vida sin Jesús, fueron las verdaderas testigos de la Resurrección. Ellas, cuyos testimonios no eran válidos legalmente, serán las primeras en anunciar a los Doce que el de la cruz es el Mesías. Ellas, supuestamente incapaces de aprender las Escrituras, fueron las primeras en comprender que Jesús verdaderamente era el Hijo de Dios, era Dios.

2.4 UN EJEMPLO DE DISCIPULADO: MARTA Y MARÍA DE BETANIA

Vamos a conocer de cerca a estas dos mujeres. Hermanas y dispares, ambas son amigas, discípulas y seguidoras de Jesús.

Marta

Ella es la anfitriona, la que recibe y acoge a Jesús en su casa. En aquella época, lo lógico era que el anfitrión fuera un hombre. De hecho, estaba prohibido que un hombre estuviera a solas con dos mujeres en casa ajena. Pero los valores del Reino no son los valores estipulados de la época. Entre ellas y Jesús hay una relación de amistad, de familiaridad, de complicidad. La característica que define a Marta es el servicio. **Su discipulado es entendido desde la acción de servir.** Podemos llamarla «la hacendosa»: desde la acción, trata de hacer presente el Reino de Dios.

María

Aparece como contrapunto a su hermana. Fijaos en su postura corporal: «sentada a los pies del Señor». Tal como en las escuelas rabínicas los discípulos se sentaban a los pies de su maestro para aprender la Ley, María, discípula, está sentada, atenta, a la enseñanza de Jesús, su maestro. La característica que define a María es la escucha. **Su discipulado se entiende desde la escucha activa.**

Jesús no critica el servicio de Marta, sino su agitación: «afanada en muchos servicios». Frente a la queja de Marta, pone como modelo a María: el servicio debe nacer de la escucha. La escucha es el preámbulo del amor a Dios (Dt 6,4-9).

La finalidad del pasaje es expresar la verdadera igualdad de hombres y mujeres en el discipulado: ellas son capaces de aprender la Ley y de escuchar la palabra de Dios de boca del maestro. Y, tras la escucha, es cuando debe comenzar la acción, el servicio al Reino de Dios.

En el evangelio de Juan encontraremos cómo Marta, habiendo aprendido a escuchar, es capaz de proclamar que Jesús es el Mesías (Jn 11,27) y María es capaz de pasar a la acción, ungiendo los pies a Jesús (Jn 12,3) y anticipándose al mandato del servicio en la última cena (Jn 13,3-5). Ambas han comprendido que de la escucha nace la acción y viceversa.

#enseñanzadelaiglesia

La Iglesia está orgullosa (...) de haber hecho resplandecer (...) su innata igualdad con el hombre (...). Ha llegado la hora en que la vocación de la mujer se cumpla en plenitud, la hora en que la mujer adquiera en el mundo una influencia, un peso, un poder jamás alcanzado hasta ahora.

Clausura del Concilio Ecuménico Vaticano II
(8 de diciembre de 1965)

Yendo ellos de camino, entró Jesús en una aldea, y una mujer llamada Marta lo recibió en su casa. Esta tenía una hermana llamada María, que, sentada junto a los pies del Señor, escuchaba su palabra. Marta, en cambio, andaba muy afanada con los muchos servicios; hasta que, acercándose, dijo: «Señor, ¿no te importa que mi hermana me haya dejado sola para servir? Dile que me eche una mano». Respondiendo, le dijo el Señor: «Marta, Marta, andas inquieta y preocupada con muchas cosas; solo una es necesaria. María, pues, ha escogido la parte mejor, y no le será quitada».

Lc 10,38-42

Debate

6 IN & OUT Muchas personas reivindican una mayor visibilidad, responsabilidad y reconocimiento de la mujer en la Iglesia. ¿Crees que esa reivindicación tiene sentido? ¿Por qué? ¿Qué pasos crees que debe dar la Iglesia católica para alcanzar ese objetivo?

Cristo en casa de Marta y María, Johannes Vermeer (1655).

#STORY

VISI, MÓNICA, MAMI, MANOLO, CHEMI, ARANCHA, LOLI, JULITO, MONTSITA, CRISTINA, TERE Y PALOMA

Seguramente no aparecerán en los programas de televisión de mayor audiencia, tampoco protagonizarán grandes titulares, pero son los protagonistas de esta *story* porque su vida es inspiradora, porque merece la pena su proyecto compartido y porque actualizan el mensaje de Jesús.

Nuestros doce protagonistas crecen juntos en grupos parroquiales donde comparten su fe y su vida. Al cumplir 17 y 18 años, se plantean qué quieren estudiar y qué lugar quieren ocupar en el mundo. Los doce comparten la inquietud de querer vivir el Evangelio en comunidad, como lo hacían las primeras comunidades cristianas. Quieren responder a la llamada de Jesús y dedicar su vida a los demás. Al igual que Jesús en su tiempo, también ellos piensan quiénes son los más pobres y desfavorecidos en aquel momento. Son los años 90 y la respuesta es clara: los enfermos de sida. En aquella época son estos enfermos los «leprosos» del tiempo de Jesús. Los enfermos de sida son marginados, rechazados, estigmatizados, sin tratamiento ni esperanzas de vida, y mueren en soledad sin que nadie se atreva a acompañarlos.

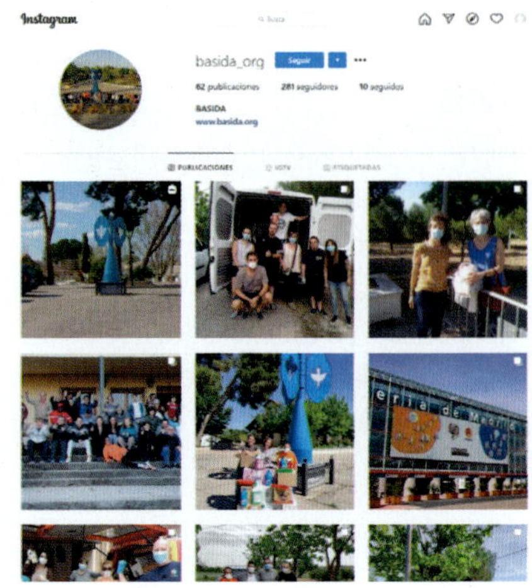

Basida

ONG ACREDITADA
FUNDACIÓN LEALTAD

Nuestros jóvenes protagonistas deciden vivir con estos enfermos formando una verdadera comunidad donde todo se comparte. Los inicios no fueron fáciles, pero sí ilusionantes, sabían de quién se fiaban. Con una furgoneta como única pertenencia empiezan a cuidar a estos enfermos y a ofrecerles ayuda sanitaria, para poco a poco ir construyendo y formando lo que hoy es una realidad: **Basida.**

Cuando en 1990 se pone en funcionamiento la casa de Aranjuez, es la mayor casa de acogida para enfermos de sida de España. Hoy Basida cuenta con tres casas de acogida: Aranjuez (Madrid), Manzanares (Ciudad Real) y Navahondilla (Ávila). En ellas, acogen y prestan atención gratuita a personas con graves problemas sociosanitarios que se encuentren en situación de exclusión social, proporcionándoles una atención integral, personalizada y digna.

Basida no es una residencia ni un hospital, sino que es una verdadera comunidad de vida donde todo se pone en común y viven del mismo modo que las primeras comunidades cristianas, compartiendo sus sueños, sus temores, sus esperanzas y su fe. En pleno siglo XXI, Basida es un verdadero testimonio de Evangelio. Sus puertas están abiertas y reciben voluntarios para seguir construyendo y seguir respondiendo a la llamada de Jesús de Nazaret. Los protagonistas de esta *story*, como aquellos primeros discípulos de Jesús, lo dejaron todo y le siguieron. Y tú, ¿te atreves?

«Me encantaría decir que tuve las cosas claras desde el principio, pero no fue así. Cuando empezó a asomar el proyecto de Basida en nuestro horizonte lo sentí como algo maravilloso e increíble, un proyecto comunitario que materializaba un amor por los más pequeños y que estaba dispuesta a apoyar. Todo sucedió el verano de 1990. En una furgoneta, entre risas y bromas, decidimos tener una experiencia de vida en comunidad... Rezábamos, cantábamos y diseñábamos un futuro incierto al lado de los más marginados de la sociedad. Entiendo que fue eso que llamamos Dios lo que llevó a un diminuto grupo de personas a decir con fuerza «Yo sigo». Estos años han sido una aventura maravillosa al lado de una gente tan sencilla... Hoy, si me piden otra ronda, sigo diciendo con fuerza "yo sigo *p'alante*"». (Paloma)

Investigación y Reflexión

7 IN & OUT C Investiga sobre Basida en su página web: http://www.basida.org/ y contesta a las siguientes preguntas. ¿Qué te llama la atención de esta comunidad? ¿Te gustaría hacer voluntariado con ellos?

- En los años 90, los doce protagonistas de esta *story* reconocieron en los enfermos de sida a los más débiles y marginados. ¿Quién crees que son hoy los más débiles y marginados? ¿Por qué?

#FORTALEZA PERSONAL

LA TRASCENDENCIA

La trascendencia es una virtud del ser humano que le capacita para experimentar su experiencia en la vida como parte de una totalidad más amplia dentro de un contexto global. Se basa en reconocer que nuestra vida está dentro de procesos más amplios dentro del espacio-tiempo que tratan de dar un sentido distinto, una dirección a la vida humana. Es en este plano donde las diferentes religiones aportan sus cosmovisiones.

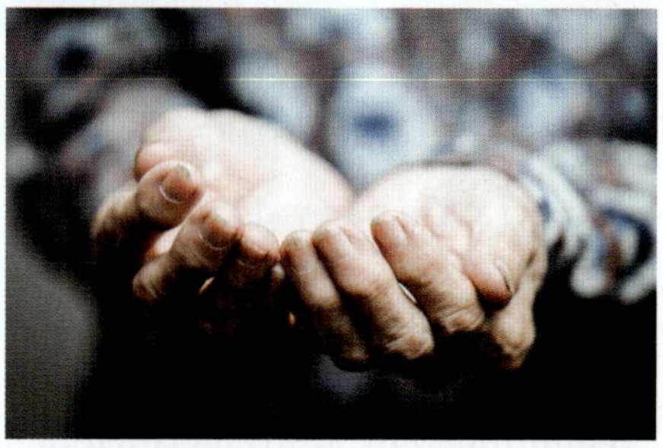

Según la psicología positiva, la virtud de la trascendencia se manifiesta a través de cinco fortalezas de carácter que nos ayudan a conectar con lo que nos rodea y a proveernos de un sentido más profundo de significado y propósito en la vida. Cada una de estas fortalezas revela conexiones que van más allá de las relaciones personales y constituyen un incentivo para crear un futuro incluyente y satisfactorio. Son las siguientes:

- La apreciación de la belleza conecta a la persona con la belleza y la excelencia del mundo y de las demás personas.
- La gratitud conecta con la bondad.
- La esperanza nos relaciona con el futuro imaginado.
- El sentido del humor conecta con los problemas y contradicciones de la vida para hacer más llevaderas las situaciones angustiosas.
- La espiritualidad conecta con la realidad que late en la profundidad de la existencia, con el Misterio, con lo sagrado.

A LA LUZ DE LA PALABRA

Gracias a la virtud de la trascendencia somos capaces de hacernos preguntas profundas: ¿dónde está Dios? ¿Qué he de hacer? ¿Cómo puedo ser feliz? Jesús nos ofrece una respuesta contundente:

> «Cada vez que lo hicisteis con uno de estos, mis hermanos más pequeños, conmigo lo hicisteis». (Mt 25,40)

Es más cómodo situar a Dios en el cielo. Sería demasiado peligroso descubrir a Dios encarnado en cada una de las personas que nos rodean. Pero esta es la novedad de Jesús, un mensaje radical que nos sitúa ante la vida de otra forma: Dios es encarnación y estamos llamados a descubrirlo en las criaturas. Lo que va a decidir la suerte final no es la religión en la que uno ha vivido ni la fe que ha confesado durante su vida. Lo decisivo es vivir con compasión ayudando a quien sufre y necesita nuestra ayuda. Dios está allí donde hay hombres y mujeres capaces de amar y preocuparse por los demás.

Inspiración

8 IN Lee el pasaje completo (Mt 25,31-46) y reflexiona. ¿Qué aprendizajes te llevas?

Entreno IN & OUT C

1 **Reflexiono.** ¿Estoy haciendo algo por alguien? ¿A qué personas puedo ayudar? ¿Qué hago para que haya más justicia y solidaridad? ¿Qué más puedo hacer?

2 **Reflexionamos** sobre las connotaciones que se desprenden de la siguiente información: en el contexto bíblico, la limosna tenía un contenido profundo que hoy se nos escapa; limosna se designa en hebreo con el término *sedaqá*, que significa 'justicia'.

3 **Transformamos.** Nuestro amor a los necesitados no se puede reducir a una acción asistencial, es necesario dar un paso más en la construcción de una sociedad más justa. Proponemos tres acciones encaminadas a este fin.

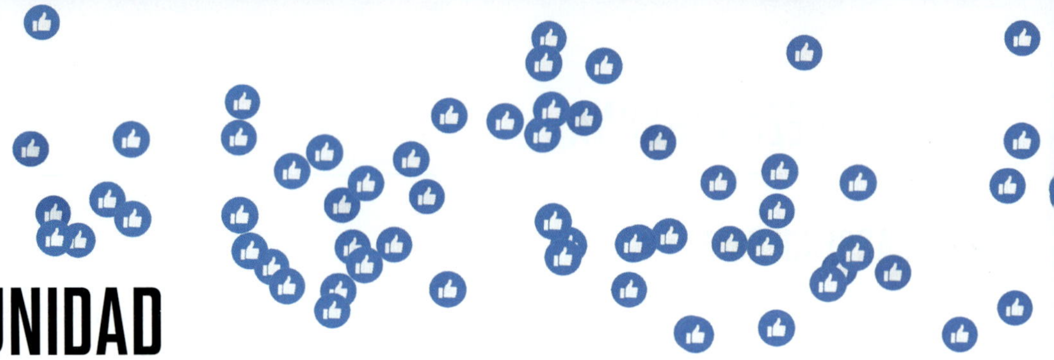

3 LA LLAMADA DE JESÚS GENERA COMUNIDAD

3.1 UNA COMUNIDAD QUE ORIGINA LA IGLESIA

La llamada de Jesús genera seguimiento. Así surge el movimiento itinerante de los discípulos de Jesús: un grupo de personas que, fascinados y atraídos por él y su mensaje, le acompañan en su misión de hacer presente el Reino de Dios y a Dios mismo, en su tierra y entre sus gentes. Este grupo, que acabará siendo una verdadera **comunidad** representada en torno a la figura de los Doce, tiene una serie de características:

- **Abierta, dispar y de iguales.** Esta fue una de las características que más impactó a la sociedad de la época. La comunidad de seguidores de Jesús era abierta y dispar. No importaba la clase social a la que pertenecieras ni tu condición, raza, religión o sexo (Mt 9,9-13; Mc 15,43; Mt 27,55-56...). En la comunidad de Jesús, germen de la Iglesia, todos tienen cabida: mujeres y hombres, libres y esclavos, griegos y judíos (Gál 3,28). Porque todos forman una gran familia donde los lazos de sangre quedan superados por los lazos de la fe. Por ello los llama **«amigos»** (Mc 2,17) y **«hermanos»** (Mc 3,35).
- **Enraizada en Dios.** Para Jesús, Dios no es un algo, es Alguien, es **Abbá**, es papá, es amor incondicional y gratuito. Siempre que Jesús se dirige a Dios lo llamará **Padre**, y así se lo enseñará a sus discípulos. A través de la enseñanza del padrenuestro, Jesús posibilita que sus discípulos participen de la relación filial con el Padre y, además, creará fuertes vínculos con una nueva comunidad que tiene una forma genuina de orar. Abbá posibilita la idea de la filiación, ser hijos de un mismo Padre, y genera fraternidad, por ello, tú y yo somos hermanos.
- **Samaritana.** Al igual que el protagonista de la parábola, que fue capaz de leer la realidad y, tomando conciencia de ella, ayudar a aquel que se quedó al borde del camino, así Jesús pide a sus seguidores que vivan el valor del **servicio**, la **entrega**, la compasión y la misericordia.
- **Profética.** Jesús transmite en su mensaje y en su actuación un estilo de vida profético. Desde su experiencia radical del Dios de la libertad, del Dios amor, observa su realidad y **denuncia las injusticias** cometidas y anuncia que otro mundo es posible, otra forma de relacionarnos tiene cabida.

Investigación

9 OUT C En grupos de cuatro, elegimos tres discípulos de Jesús e investigamos el nexo entre cada discípulo y su símbolo.

Pedro	Cruz invertida y llaves.
Andrés	Cruz en forma de equis y dos peces cruzados.
Felipe	Cruz tau, cesta de pan y una lanza.
Juan	Águila y cáliz con una serpiente.
Bartolomé	Biblia y un cuchillo.
Mateo	Ángel y tres bolsas con dinero.
Simón	Un pez sobre una Biblia y sierra.
Judas Tadeo	Barco, medalla y un cayado.
Santiago	Concha de vieira y cruz de Santiago.
Tomás	Una lanza y una escuadra de arquitecto.
Santiago menor	Garrote, una sierra o Biblia.
Judas Iscariote	Lazo de una horca y bolsa con dinero.

#símbolo

La tradición cristiana asocia un símbolo a cada uno de los discípulos de Jesús. Conocer estos símbolos nos ayudará a reconocer a los discípulos en diferentes manifestaciones artísticas y culturales.

3.2 JESÚS SIGUE GENERANDO COMUNIDAD

Es evidente que algo intuyeron en Jesús aquellos primeros discípulos cuando fueron capaces de dejarlo todo y seguirle. Jesús no trata de convencerles con un gran discurso, simplemente les invita a convivir con él (Jn 1,36-39). Jesús atrae con su simple presencia. No es un hombre cualquiera, es Dios que se acerca hasta nosotros en su realidad humana y cercana.

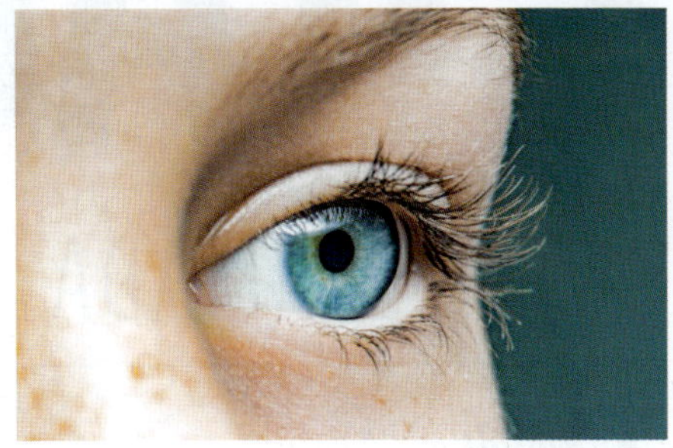

Hoy Jesús sigue llamando y generando comunidad. Jesús sigue siendo atractivo y fascinante para muchos hombres y mujeres de hoy. Sigue saliendo a nuestro encuentro invitándonos a seguirle. La vida cristiana no es un conjunto de normas, es un **encuentro personal** con Jesús, al que dejo entrar en mi vida y acepto la invitación de entrar yo a formar parte de la suya. Es una respuesta que la persona da libremente. No puede haber vida cristiana si no es en **comunidad,** solo en comunidad alimentamos nuestra fe y propiciamos entornos para descubrir y encontrarnos con el Dios de Jesús.

Hoy existen comunidades que son respuesta a esa llamada de Dios y al encuentro personal con Jesús. En pleno siglo XXI siguen siendo muchos los hombres y mujeres que viven en comunidad intentando ser fieles al Evangelio. Las diferentes congregaciones que existen (claretianos, jesuitas, maristas, salesianos, carmelitas, franciscanos, jesuitinas, concepcionistas...) viven en comunidad al modo de los primeros cristianos, poniendo en común todo lo que tienen.

Una **comunidad** es un grupo pequeño de personas en el que sus integrantes se conocen, comparten su vida, celebran su fe, disciernen juntos su vocación y se ayudan mutuamente a vivir con plenitud su compromiso en la construcción del Reino.

También existen comunidades de laicos que viven bajo un mismo techo, como es la comunidad de Basida que hemos conocido en la *story.* Incluso existen comunidades en las que comparten la vida consagrados, laicos y familias.

El concepto comunidad no solo se reduce a aquellos grupos de personas que viven bajo el mismo techo. Hoy en la Iglesia existen comunidades que se reúnen para compartir su fe y parte de su vida: grupos juveniles, grupos parroquiales, comunidades de vida, fraternidades... Sentirse miembro y parte de un grupo social es lo que más identifica al ser humano. Jesús nos invita a sentirnos miembros suyos a través de la Iglesia que él fundó, en comunidad.

En la actualidad es necesario que la Iglesia vaya implementando nuevas formas de organización que ayuden a los creyentes a vivir el Evangelio y a responder a la llamada de Jesús de una manera viva, profunda, coherente y valiente.

#interdisciplinar

El *coaching* es un método que consiste en acompañar a una persona a descubrirse y a lograr objetivos personales. Ayuda a profundizar en uno mismo y a desarrollarse plenamente como ser humano. Aunque pueda parecer una técnica nueva y revolucionaria, no es así. Desde que el ser humano existe ha tenido la necesidad de dar sentido a su vida, de situarse, de encontrar su sitio en el mundo y así ser feliz. ¿No es este el objetivo también de las comunidades cristianas ayer, hoy y siempre? ¿No es esto lo que los cristianos siempre hemos buscado en el Evangelio?

Reflexión y Debate

10 OUT ¿El objetivo del *coaching* es el mismo que el de las comunidades cristianas? ¿Qué buscamos los cristianos en el Evangelio? ¿Fue Jesús de Nazaret un *coach*?

PRÁCTICA

06 LA LLAMADA

1 *Visual Thinking*

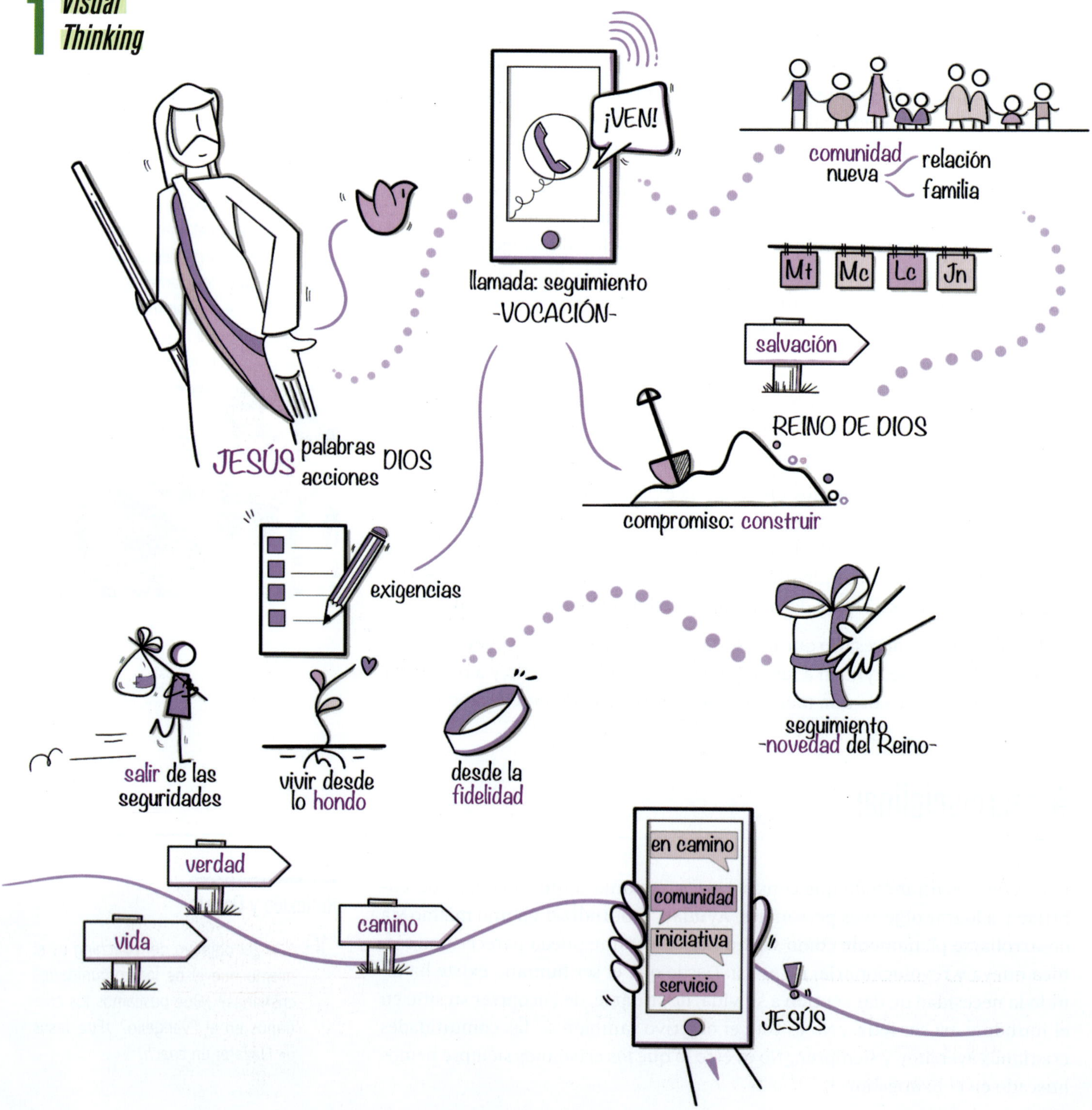

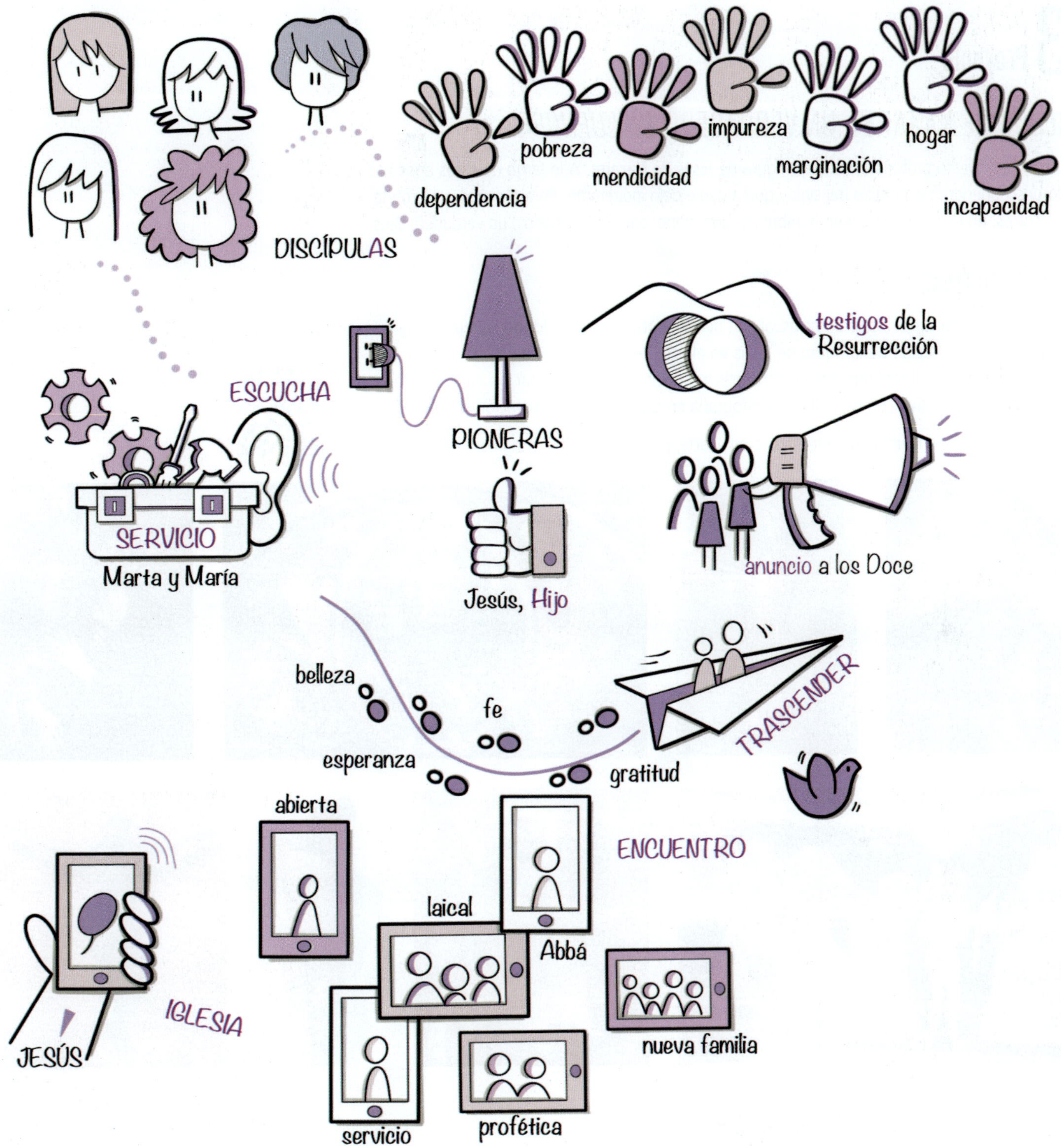

2 Metacognición

1 Analizo y reflexiono sobre lo aprendido en esta unidad.

1. ¿Qué he aprendido y qué he sentido?
2. ¿Qué es lo que más me llama la atención de las «llamadas» de Jesús?
3. ¿Qué me puede aportar vivir mi fe en una comunidad?
4. ¿Qué preguntas me surgen al finalizar la unidad?

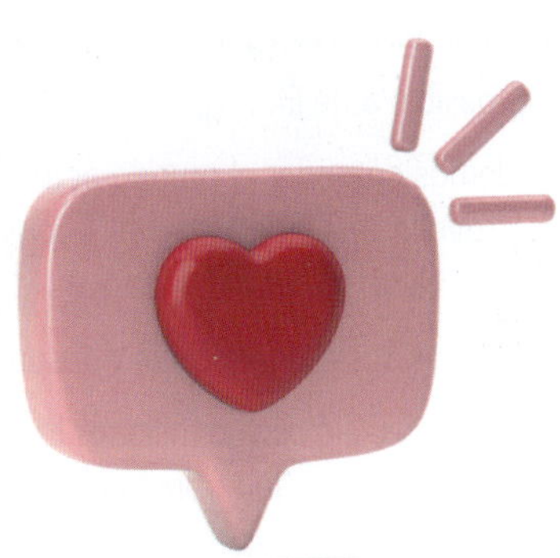

3 Proyecto

JESÚS DE NAZARET, UN VERDADERO *INFLUENCER*

Con este proyecto profundizarás en la figura de Jesús de Nazaret. A lo largo de estos años has ido descubriendo a este judío del siglo I que a nadie dejó indiferente. Para algunos, un profeta; para otros, un revolucionario o un hombre extraordinario; para los cristianos, un verdadero Dios.

PRODUCTO FINAL

Vamos a elaborar un montaje audiovisual con herramientas digitales donde se muestre la importancia y la evolución de la figura de Jesús en el arte, en la iconografía y en la cultura. Elegiremos el formato digital que nos parezca más interesante: una presentación en PowerPoint, una imagen interactiva con Genially, una infografía en Canva, una presentación con Sway...

Para profundizar en la imagen de Jesucristo en el arte, puedes consultar el siguiente código QR:

¿POR QUÉ ES UN VERDADERO *INFLUENCER*?

- Porque si tuviésemos que hacer una lista con las cinco personas más importantes en la historia de la humanidad, sin lugar a duda, Jesús de Nazaret formaría parte de esta lista.
- Porque la figura de Jesús nunca ha dejado indiferentes ni a creyentes ni a ateos. Nadie puede permanecer impasible ante Él.
- Porque no podemos entender el mundo actual, el arte, la historia y la cultura sin conocer el impacto que provoca Jesús de Nazaret. El cristianismo ha generado cultura y sigue generándola.
- Porque la figura de Jesús es inagotable y después de dos mil años sigue siendo un misterio.
- Porque a lo largo de los siglos son millones los hombres y mujeres los que se han encontrado con este Jesús y sus vidas se han transformado. Es evidente que no estamos hablando de una moda pasajera.

COOPERATIVO

Nos dividimos en grupos de cinco. Cada miembro del grupo se encargará de elaborar una parte del producto final.

Los roles son los siguientes:

rol	funciones
coordinador	Se encarga de planificar, llevar el control del tiempo, coordinar a sus compañeros, revisar el trabajo e ir evaluando para que se consiga un producto final coherente y unitario. Se encarga de revisar que toda la información sea correcta y precisa.
historiador del arte, especialista en pintura	Investiga la imagen de Jesús de Nazaret en la pintura a lo largo de la historia del arte. Selecciona tres o cuatro obras representativas de cada siglo. Elabora una breve reseña de la obra y qué imagen de Jesús quiere transmitir el artista. (No debe olvidar que, en cada época, los diferentes artistas han reflejado una imagen distinta y característica de Jesús).
historiador del arte, especialista en escultura	Investiga las esculturas de Jesús de Nazaret a lo largo de la historia del arte. Elabora una breve reseña de cada obra y explica qué imagen de Jesús quiere transmitir el escultor.
cinéfilo	Investiga las **películas** y **musicales** que se han hecho sobre Jesús de Nazaret. Elabora una breve reseña de cada una de las obras. ¿Qué imagen de Jesús se acentúa en cada una de estas producciones?
contemporáneo	En los siglos XX y XXI la figura de Jesús sigue siendo atractiva para los artistas. Investiga la imagen de Jesús en la pintura de estos siglos, en el **cómic,** en el **manga.** No debe olvidarse de los **videojuegos.** ¿Existe alguno sobre Jesús de Nazaret? Elabora una breve reseña sobre esas obras e indica qué imagen de Jesús encontramos en ellas.

NOS PREGUNTAMOS Y NOS AUTOEVALUAMOS

- ¿Los ejemplos de pintura seleccionados ilustran con claridad los distintos siglos?
- ¿Se recoge bien la información en cada obra (breve reseña e imagen de Jesús que se quiere transmitir)?
- ¿Mostramos ejemplos actuales?
- ¿Algún bloque de los propuestos ha quedado sin trabajar o profundizar?
- ¿El programa elegido para elaborar el montaje digital es el adecuado?
- ¿Nos conviene elegir otro montaje?
- ¿El producto final muestra claramente que Jesús es un verdadero *influencer*?

ACTUAMOS

Una vez que tenemos todas las diapositivas preparadas, es el momento de elaborar un único montaje donde se recojan todas las imágenes y toda la información. Cada grupo hará una **presentación oral** mostrando su montaje al resto de los compañeros.

Déjate sorprender, déjate seducir y, sobre todo, a través de estas manifestaciones artísticas, déjate mirar por Él.

07 LA RESPUESTA

OUT

¿Sabrías decir cuántas camisetas tienes en tu armario? ¿Y cuántos pantalones? Seguro que no te cuesta mucho responder. Pero... ¿y si te preguntamos cuántas de las prendas que usas son **textiles con valores**? ¿Sabrías contestar?

Te invitamos a descubrir el **comercio justo** y su ropa con valores. El comercio justo es un **sistema solidario** en el que se da prioridad a las personas frente al beneficio económico. Mientras que en el comercio tradicional prima la rentabilidad por encima de las condiciones de las personas productoras, el comercio justo trabaja para devolver la **dignidad** y hacer visibles a las personas artesanas o que producen los artículos de nuestra cesta de la compra.

Es un modo de enfrentarse a las injusticias y desigualdades actuales, y de poner **freno a la pobreza** y vulnerabilidad en que se encuentran muchos colectivos. El comercio justo exige que se garanticen los derechos de los trabajadores y trabajadoras, asegurando unas condiciones laborales apropiadas, sin abusos, desigualdades de género o explotación infantil, e implica que hombres y mujeres recibirán un sueldo honesto que les permita cubrir sus necesidades y las de sus familias, no teniendo que malvivir.

¿Te animas a comprar ropa de comercio justo?

IN

Como todos los días, cuando he llegado a casa he abierto el buzón para recoger el correo. Nunca hay nada interesante, propaganda y cartas del banco para mis padres. Hoy me ha llamado la atención esta publicidad sobre comercio justo textil. Otras veces lo hubiera tirado a la basura, pero hoy me he quedado pensando, creo que es otra «señal» a las que ya me voy acostumbrando. No sé... puede ser que siempre haya recibido «señales» y lo que me está pasando este año es que estoy cambiando mi mirada.

Siempre he pensado que cambiar el mundo y alcanzar las metas marcadas por los **Objetivos de Desarrollo Sostenible** era cosa de los que tienen poder, «manejan» y toman las decisiones importantes. Y que yo, una chica 4.º de ESO, poco podía hacer para terminar con los grandes problemas de nuestro planeta, o eso creo. Últimamente estoy convencida de que no es así y que con las **elecciones** sencillas de mi día a día puedo contribuir a mejorar lo que nos rodea. Voy intuyendo que todo lo que aprendo, lo que siento, mis fortalezas y mis descubrimientos solo tienen sentido si los empleo para hacer del mundo un lugar mejor.

Llevo pocos días en el voluntariado, pero cuidar a esos menores en el centro de acogida es una de las mejores experiencias de mi vida. Estoy conociendo a otros voluntarios con unos **valores** extraordinarios... No sé cómo explicarlo, pero estos días me sorprendo a mí misma con una sonrisa permanente en la cara. Parece que voy encontrando **respuestas**. Y a la vez siempre surgen nuevas preguntas. ¿Estoy haciendo suficiente por mejorar el mundo? ¿Qué valores me mueven para actuar así? ¿Estoy tomando buenas decisiones?

1 UNA LUZ POR DESCUBRIR

Con demasiada frecuencia se asocia la fe o la experiencia religiosa con una forma de conocimiento propia del pasado, como una luz ilusoria, casi infantil, que impide a la persona seguir la audacia del saber. Como si creer fuese lo contrario a buscar, como un espejismo que nos impide avanzar como seres humanos libres hacia el futuro.

¿Qué relación tienen la **fe** y la **razón**? Parece que hemos relegado la experiencia de fe a ese espacio donde la luz de la razón no pudiera llegar, como si la fe fuese un salto a ciegas al vacío, como una especie de luz subjetiva que nos proporciona un consuelo privado, pero que no se puede proponer a los demás como luz objetiva y común para alumbrar el camino.

Sin embargo, podemos percibir a nuestro alrededor que la luz de la razón no es suficiente para iluminar y comprender el futuro. ¿Hemos renunciado a la búsqueda de una luz más grande, de una verdad más honda? ¿Nos hemos conformado con pequeñas luces que alumbran el instante fugaz, pero que son incapaces de iluminar un camino de vida? Cuando falta la luz, todo se vuelve confuso, es imposible distinguir el bien del mal, distinguir la senda que lleva a la meta de aquella otra que nos hace dar vueltas sin sentido.

¿Qué ofrece la fe cristiana? ¿Qué luz aporta? ¿De dónde procede? La fe nace del encuentro con el Dios vivo, que nos llama y nos revela su amor, un amor que nos precede y en el que nos podemos apoyar para estar seguros y construir la vida. Es una **experiencia de amor que nos transforma** en todas nuestras dimensiones, que nos abre nuevos horizontes de futuro, que ilumina nuestro camino de vida.

Friedrich Nietzsche (1844-1900) es uno de los filósofos más importantes de la filosofía occidental, y está considerado uno de los tres «maestros de la sospecha» junto a Karl Marx y Sigmund Freud.

Reflexión y Debate

1 IN & OUT El filósofo Friedrich Nietzsche invitaba a su hermana Elisabeth a arriesgarse, a «emprender nuevos caminos... con la inseguridad de quien procede autónomamente». Y añadía: «Aquí se dividen los caminos del hombre; si quieres alcanzar paz en el alma y felicidad, cree; pero si quieres ser discípulo de la verdad, indaga». ¿Qué imagen de la fe tiene este filósofo? ¿Qué le responderías?

2 IN C Razonar, saber, crecer en conocimientos ¿me acerca a Dios o me aleja de Él? ¿Se puede ser científico y creyente a la vez?

#enseñanzadelaiglesia

La fe permite comprender la arquitectura de las relaciones humanas, porque capta su fundamento último y su destino definitivo en Dios, en su amor, y así ilumina el arte de la edificación, contribuyendo al bien común.

PAPA FRANCISCO, *Lumen fidei*, 51

2 TRANSFORMADOS POR EL AMOR

¿Cuál es la novedad de la fe cristiana? La fe en Cristo nos salva porque en él la vida se abre radicalmente a un **amor** que nos precede y nos transforma desde dentro, que obra en nosotros y con nosotros.

> Vivo, pero no soy yo el que vive, es Cristo quien vive en mí. (Gál 2,20)

El creyente es **transformado por el amor,** su vida se ensancha, su «yo» se amplía para ser habitado por Otro. Aprende a verse a sí mismo a partir de la fe que profesa: Cristo es el espejo en el que descubre su propia imagen realizada. Esta experiencia penetra e ilumina todas las dimensiones personales: corporal, social, psicológica y espiritual. Ilumina su relación con el mundo exterior, con su mundo interior y con los demás, abriendo un nuevo camino compartido de futuro.

En este nuevo horizonte, y a imagen de Cristo que abraza a todos los creyentes que forman su cuerpo, el cristiano se comprende a sí mismo dentro de este cuerpo.

> Así como en un solo cuerpo tenemos muchos miembros, y no todos los miembros cumplen la misma función, así nosotros, siendo muchos, somos un solo cuerpo en Cristo, pero cada cual existe en relación con los otros miembros. (Rom 12,4-5)

El encuentro con Cristo inaugura en cada persona una nueva forma de **relacionarse** con los hermanos en la fe. Esta imagen de la Iglesia como cuerpo de Cristo no pretende reducir al creyente a una simple parte de un todo anónimo, como si fuera una pieza de un puzle. Más bien subraya la unión vital de Cristo con los creyentes y de todos los creyentes entre sí.

Efectivamente, los cristianos son «uno», pero **sin perder su individualidad.**

> No hay judío y griego, esclavo y libre, hombre y mujer, porque todos vosotros sois uno en Cristo Jesús. (Gál 3,28)

Todos diferentes, pero iguales en **dignidad.** Y en el servicio a los demás cada uno alcanza hasta el fondo su propio ser. En este sentido, la fe cristiana no es una concepción individualista, algo privado, sino que nace de la escucha y está destinada a pronunciarse y a convertirse en anuncio para otros.

> ¿Cómo invocarán a aquel en quien no han creído?; ¿cómo creerán en aquel de quien no han oído hablar?; ¿cómo oirán hablar de él sin nadie que anuncie? (Rom 10,14)

La fe cristiana, en cuanto anuncia la verdad del amor total de Dios y abre a la fuerza de este amor, llega al centro más profundo de la experiencia del ser humano e ilumina todo su ser. Este ser humano que viene a la luz gracias al amor y que está llamado a amar para permanecer en la luz.

Consolidación y Creatividad

3 IN & OUT C Imagina que eres un gran publicista y que te encargan realizar una campaña publicitaria (un cartel, un spot...) anunciando la siguiente idea: Cristo ilumina todas las dimensiones del ser humano.

3 SOMOS SERES MORALES

El ser humano es, ante todo, un ser moral. De esta forma, lo que nos distingue de los animales es nuestra capacidad de «hacernos cargo» de la realidad. De ahí se deriva que seamos **libres** y **responsables.** Asimismo, nuestra descripción del ser humano no será completa sin caer en la cuenta de que todos **somos relación.** La presencia del otro en nuestra vida siempre es un desafío moral. No todo vale, como es comprensible, a la hora de relacionarnos con los demás.

3.1 ESTRUCTURA DE LA MORALIDAD

El ser humano, libre y responsable, es capaz de construirse a sí mismo. El pilar en el que se sustenta nuestra manera de vivir y actuar es la **opción fundamental.** Es una forma de afrontar la existencia, una decisión sobre cómo enfrentar la realidad. Para los cristianos, la opción desde la que se fundamenta nuestro ser es Dios, es decir, el amor.

Se acercó un escorpión a una rana que estaba a la orilla de un río.
—Amiga, ¿puedes ayudarme a cruzar el río?
—¡Ni pensarlo! Seguro que me picarás y me matarás.
—¡No! —respondió el escorpión—. ¿No ves que si te pico con mi aguijón nos ahogaremos los dos?
La rana finalmente le ayudó. El escorpión se colocó sobre su espalda y empezaron a cruzar el río. A mitad del trayecto el escorpión picó a la rana.
—Lo siento, ranita. No he podido evitarlo. No puedo dejar de ser quien soy, ni actuar en contra de mi naturaleza.
Y ambos se sumergieron en el río.

Adaptación de la fábula *El escorpión y la rana* (atribuida a Esopo)

Esa opción fundamental se traduce en una serie de **valores.** Podemos definir el valor como aquello que hace que una cosa sea apreciable. Si el fin último de la vida de una persona es ser feliz, los valores nos ayudan a orientar nuestra vida, nuestro comportamiento, hacia dicho fin. Pero... ¿y si lo que a ti te parece que te hace feliz (por ejemplo, el dinero) hace infeliz a otro (la pobreza)?

Cuando dos o más valores entran en conflicto se descubre que tenemos, de forma organizada o no, una **jerarquía de valores,** que nos ayuda decidir, desde nuestra opción fundamental, qué hacer en cada momento. Ahora bien, esta serie de valores nacidos de nuestra opción fundamental crea unas costumbres que nos hacen reaccionar de forma automática. Es lo que conocemos como las **actitudes.** Si valoras la amistad, tu actitud será amistosa ante el otro aunque no lo conozcas. Y así con todos los ámbitos que nos podamos imaginar.

Al final de todo este proceso nacerá la manera de actuar concreta, el **acto.** Que, para aquel que se haya encontrado con Cristo, únicamente tendría que nacer de la opción fundamental del amor.

#etimología

seducir

Del latín *seducere*, formado por el prefijo separativo *se-* y el verbo *ducere*. Viene de la raíz indoeuropea *deuk* que significa 'guiar, dirigir, conducir' y que también dio en latín la palabra *dux* (guía, conductor o general en un ejército), y que en la Edad Media se transformó en la palabra *duque*. *Seducir* es llevar aparte a alguien y atraerlo conduciéndolo fuera del camino que llevaba.

seducir
↓
seducere
↓ *se* → separar
↓ *ducere* → guiar
Atraer a alguien guiándole fuera del camino que llevaba

Reflexión

4 ¿Cuál es tu opción fundamental, el pilar donde se sustenta tu vida? ¿Qué valores son los que te mueven a actuar? ¿Las elecciones que haces en tu día a día se corresponden con tus valores?

3.2 TIPOS DE PLANTEAMIENTOS MORALES

Podemos decir que el ser humano actúa en su vida según un tipo de moral. En nuestro día a día se pueden observar tres tipos de planteamientos morales diferentes.

Por un lado, tenemos la **moral heterónoma,** la de quien actúa por obligación externa. La persona que actúa así lo hace por alguna de estas razones:

Por miedo al que impone la norma. *Dios me castigará y hará que las cosas me vayan mal. Freno cuando veo la señal de radar en la carretera, no vaya a ser que me pongan una multa.* En este caso, la motivación que mueve la actuación es el miedo, no la libertad.

Por beneficio propio. *Si hago esto seré bien visto entre la gente.* Lo que mueve la actuación es la egolatría. Solo actúo para que me vayan bien las cosas a mí.

Por un deber externo. *Dios lo ha dicho y es así.* Es el deber por el deber. Responde al «siempre se ha hecho así». No hay capacidad para la creatividad, para la libertad ni para equivocarse porque todo es orden, todo es norma. Aquí solo cabe obedecer.

Por otro lado, nos encontramos con quien actúa por unos valores libremente asumidos. A este tipo de moral se le conoce como **moral autónoma.**

Por último, tenemos la **moral cristiana,** que se denomina **teónoma,** lo que significa que **los valores del cristiano son valores externos (los de Jesús de Nazaret)** pero, y esto es fundamental, **son asumidos libre y conscientemente por la persona.** Esta moral nace de la experiencia religiosa, de la experiencia de encuentro con un Dios Padre que es amor. Por tanto, el cristiano no debe mantener bajo ningún concepto una moral heterónoma. No puede actuar por miedo o por el deber externo. Sus acciones deben asentarse en los valores de Jesús, asumidos en libertad y conscientemente.

La moral cristiana no nace de una obligación, sino de una seducción por la persona de Jesús. Su raíz **es la experiencia de un ser seducido por el Misterio,** vivido como amor hecho hombre en Jesús. Es una moral de seducidos, no de ovejas.

De aquí nace una opción fundamental clara: **el amor.** Un amor que significa 'dar la vida', salir de sí para acoger al otro. Y desde esta opción fundamental nacen una serie de valores: la vida como entrega, la solidaridad, el cuidado, el perdón...

Reflexión

5 IN Contesta a las siguientes preguntas:

- ¿Qué características tiene una persona seductora?
- ¿Te parece que Jesús de Nazaret es seductor? ¿Por qué?
- ¿Te parece el cristianismo una religión que seduce?

#símbolo

Suponed que un hombre tiene cien ovejas: si una se le pierde, ¿no deja las noventa y nueve en los montes y va en busca de la perdida? (Mt 18,12)

En el planteamiento ético cristiano, el ser humano es digno. El pastor abandona a sus ovejas para salvar a la oveja perdida porque 99 no valen más que una. Cada ser humano, cada **oveja perdida** es única, infinita, plena y absoluta en sí misma. La oveja perdida simboliza a los más pequeños, los más débiles, los que necesitan más cuidados, que son siempre los preferidos de Dios.

#STORY

PEDRO CASALDÁLIGA

Se le ha llamado por muchos nombres: *obispo de los pobres, obispo del pueblo, padre de los últimos...* Pero a él no le gusta que le llamen obispo, ni monseñor, ni padre, sino solo Pedro.

Pedro Casaldáliga nace en Balsareny (Barcelona) en 1928. En 1952 es ordenado sacerdote claretiano y en 1968 viaja a Brasil para fundar una misión en la Amazonía. Nunca más regresa a España. En 1971 es nombrado obispo de São Félix do Araguaia.

Desde el primer día se convierte en el ***obispo de los olvidados***, un obispo coherente que conquista a todos los que se encuentran con él. Despojado de bienes materiales, con una mirada profunda y sencilla, comienza su lucha por los olvidados de la tierra, por todos los que sufren persecución, por los sin nombre y sin esperanza. La **autenticidad** de la vida del obispo fue siempre evidente. Permaneció al lado de los que siempre pierden y se enfrentó a los que siempre ganan. Y lo hace con hechos, manchándose las manos. El mismo día que se consagra obispo publica la carta *Una iglesia del Amazonas contra el latifundio y la marginación social*, en la que **denuncia** que en Brasil hay trabajo esclavo, que los terratenientes roban las tierras de los campesinos y que los matan.

Su coherencia de vida, su defensa de los pobres y su ataque radical a los terratenientes le cuesta siete tiroteos, muchas amenazas de muerte y varios intentos de expulsión del país. A pesar de esto, nunca se rinde. Vive siempre en pie, firme en sus convicciones, proclamando una **Iglesia pobre y de los pobres**, de todos los oprimidos. Su sentido ético le lleva a no querer estar al lado de los poderosos, sino que opta por los que se quedan siempre olvidados en la cuneta.

Casaldáliga no elabora grandes tratados teológicos. Opta por la poesía y por una prosa sencilla en las que reflejará su fe y su lucha, haciendo del mundo un lugar más bello. Así se define en uno de sus poemas:

«Me llamarán subversivo / Y yo les diré: lo soy. / Por mi pueblo en lucha, vivo. / Con mi pueblo en marcha, voy. / Tengo fe de guerrillero / y amor de revolución»...

Siempre crítico y tomando opciones radicales, es uno de los iniciadores de la teología de la liberación. Y su vida sigue inspirando para construir una iglesia popular, abierta, comprometida, coherente y con una opción decidida por los más pobres.

Al cumplir los 75 años, Casaldáliga presenta su renuncia como obispo. Muere el 8 de agosto de 2020. Siempre lo tuvo claro: **«Al final de la vida me dirán: ¿Has vivido? ¿Has amado? Y yo, sin decir nada, abriré el corazón lleno de nombres».** Y así murió, pobre con los pobres y con el corazón lleno de nombres.

«Creo que solo se puede ser cristiano siendo revolucionario».

«La tierra es el único camino que nos puede llevar al cielo».

Profundización y Reflexión

6 IN & OUT Lee algunos poemas de Casaldáliga y contesta a las siguientes preguntas:

- ¿Qué sentimientos te provoca la lectura de sus poemas?
- ¿Te parece que este obispo es una persona inspiradora? ¿Por qué?
- ¿Qué mensaje crees que quiere transmitir con sus poemas?

#FORTALEZA PERSONAL

EL JUICIO

El juicio, también denominado pensamiento crítico o mente abierta, es una de las fortalezas que conforman la virtud de la sabiduría. Consiste en pensar sobre las cosas y examinar todos sus significados y matices para no precipitarse al sacar conclusiones. Nos permite vivir nuestra vida de la manera más efectiva y plena, creciendo constantemente como personas y dentro del equilibrio emocional. Es una fortaleza que vamos aprendiendo y desarrollando a lo largo de los años, sobre todo cada vez que vivimos crisis personales. Nos permite analizar nuestros enfoques vitales e ir cambiándolos por nuevos esquemas de vida más profundos y significativos.

Inspiración

7 IN La persona sensata no construye su «edificio personal» de cualquier manera, se preocupa de lo esencial: edificar sobre «roca» firme. ¿Te consideras una persona con la mente abierta? ¿Cómo afrontas una situación adversa? ¿Qué podrías cambiar para crecer en esta fortaleza?

A LA LUZ DE LA PALABRA

Lo contrario al juicio o pensamiento crítico es la credulidad. Crédulo es quien se deja convencer con excesiva facilidad, sin poner ningún filtro crítico. La Biblia nos da un consejo para cultivar nuestra capacidad de juicio:

> Examinadlo todo; quedaos con lo bueno. (1 Tes 5,21)

Para poder desarrollar el pensamiento crítico religioso se debe tener un punto de referencia, una plomada que permita verificar la verticalidad del pensamiento. Para los cristianos la plomada es Cristo, que afirma ser la Verdad. Jesús asegura que es la roca sobre la que el constructor edifica la casa:

> El que escucha estas palabras mías y las pone en práctica se parece a aquel hombre prudente que edificó su casa sobre roca. Cayó la lluvia, se desbordaron los ríos, soplaron los vientos y descargaron contra la casa; pero no se hundió, porque estaba cimentada sobre roca. (Mt 7,24-25)

Una **plomada** es una herramienta simple de construcción que se usa para verificar la nivelación y la verticalidad de una superficie para así asegurar su estabilidad.

Mateo invita a los cristianos a enraizarse firmemente en las enseñanzas de Jesús y a traducir estas enseñanzas en acciones concretas.

Entreno IN & OUT C

1 **Analizo** de manera crítica y con mente abierta mi participación en los proyectos de este curso:

a. ¿Cómo me siento al afrontar nuevas experiencias?

b. ¿Afronto una nueva situación de manera flexible?

c. ¿Evalúo por igual todos los puntos de vista?

d. ¿Reconozco mis propios límites al analizar la situación?

e. ¿Aprendo de mis errores y puntos débiles?

f. ¿Trabajo de manera productiva con personas diferentes a mí?

g. ¿Esta experiencia me está volviendo más eficiente en mis decisiones?

h. ¿Cuál es la raíz de mi árbol de decisiones?

2 **Compartimos** nuestro análisis personal y **reflexionamos** sobre las motivaciones profundas que están en la raíz de nuestras decisiones. ¿Se visibilizan habitualmente estas motivaciones profundas? ¿Por qué?

3 **Transformamos** y **diseñamos** cada uno nuestro árbol de decisiones.

4 LA MORAL CRISTIANA Y LA ÉTICA QUE DE ELLA SE DESPRENDE

La **moral** es el conjunto de normas propuestas a las personas para practicar el **bien** y alcanzar la **felicidad.** Para los cristianos, la moral solo tiene sentido si la hacemos desde Dios. Es decir, no se trata de que Dios nos ofrezca un recetario de actuación, sino que nuestras decisiones se acojan a su amor. Por tanto, se trata de una tarea para toda la vida y que afecta a nuestro día a día. Por su parte, la ética es la reflexión sobre estas normas. En el caso del cristianismo, es una ética que pone al **ser humano en el centro,** orientado al prójimo y, especialmente, a los más débiles, que se asienta en el amor y nace de la experiencia de Dios.

4.1 ¿QUÉ DEBO HACER? ¿QUIÉN SOY YO?

¿Qué debo hacer? y **¿quién soy yo?** son las dos preguntas clave al hablar de la moral. Y es que la moral es, fundamentalmente, la experiencia del **deber.** No puedo responder a la primera pregunta si no sé responder a la segunda. La moral es un elemento nuclear del ser humano: no podemos vivir sin tomar decisiones. De hecho, nos pasamos la vida tomando decisiones. La experiencia moral es la experiencia del deber, la cual es universal. La moral es vida, es experiencia, es real.

Por su parte, la ética es la moral reflexionada, la reflexión crítica. Es decir, ¿todo el mundo vive la moral? Sí, pero no todo el mundo reflexiona sobre la moral que vive. **¿Hay una ética o muchas?** Muchas, porque hay maneras diferentes de justificar el deber. Por ejemplo, tenemos una ética emotivista, que gestiona lo que debe hacerse en función de las apetencias; o una ética utilitarista, que solo se basa en la utilidad de lo que se hace (un cálculo riesgo y beneficio). Por otro lado, tenemos éticas deontológicas, actuas porque tienes el deber de hacerlo; eudaimónicas, que buscan la felicidad; o las liberales, en las que el deber es salvar por encima de todo la libertad de lo que es de su propiedad (con mi cuerpo, hacienda y bienes hago lo que quiero).

Porque la moral no es privada, **siempre es pública;** toda toma de decisión afecta a otro. Por ello, también existe una moral social cuando el sujeto no es el individuo sino la sociedad.

¿Y qué aporta la moral cristiana? Que tengo la experiencia del amor de Dios, que es incondicional. Lo que diferencia a la moral cristiana de otras no es el contenido (la búsqueda de la justicia, por ejemplo), sino **desde dónde la vivimos.** Los cristianos estamos movidos por la incondicionalidad gratuita de un Dios que es amor. Desde esta clave, la moral cristiana es propositiva, no impositiva. ¿Y qué me cabe esperar? **La ética cristiana es una ética de esperanza.**

Reflexión

8 IN & OUT C Dibuja la línea de tu vida. En esta línea señala los momentos más importantes, tanto los difíciles de vivir como los más felices.

9 IN Reflexiona sobre la línea de tu vida. ¿Qué has elegido tú? ¿Qué te ha venido dado? ¿Sientes que eres realmente el protagonista de tu vida? No olvides que tú eres tus elecciones.

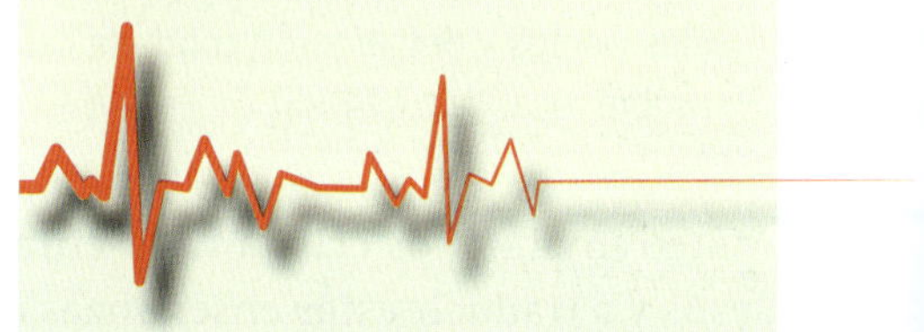

4.2 LA ÉTICA DEL CUIDADO

El cuidado forma parte de la condición humana, y por eso tiene todo su sentido fundamentar la ética ante la vida humana tomando como punto de partida este hecho. La capacidad de cuidar está profundamente enraizada en la naturaleza humana y ha sido descrita por filósofos y científicos como **el arte de cuidar.**

El cuidado está presente al **principio de la vida.** De hecho, el ser humano está más necesitado de cuidado que ningún otro ser vivo, porque nacemos prematuramente y en una condición más vulnerable. También **durante la vida.** Y **al final de la vida,** para abandonarla, nos cuidamos procurando higiene, medicación, alimentación...

Necesitamos ser cuidados y el cuidado se convierte en una tarea ética. El cuidado define mi condición humana, me humaniza, me hace más humano. Y el descuido me deshumaniza. El filósofo Heidegger pone de manifiesto que el cuidado es un atributo fundamental de la persona y define el cuidado como una vocación, como una llamada interior ante lo frágil. Cuando hablamos del cuidado como una obligación moral, hablamos del cuidado a los otros y a uno mismo. Yo soy un ser que debe autocuidarse.

El cuidado afecta a todas las dimensiones del ser: corporal, espiritual, relacional-social y psicológica. Simone Roach, enfermera y filósofa, determinó que el cuidado presentaba cinco características propias que comenzaban todas por la letra ce; las cinco ces:

Compasión. Cuidar es más que la simple bondad, es preocuparse por el otro desde su condición de ser humano con-pasión. No mostramos una actitud compasiva por obligación sino por solidaridad. Consiste en percibir como propio el sufrimiento ajeno.

Competencia. La competencia sin compasión puede ser brutal e inhumana. Y compasión sin competencia puede quedarse solo en buenas intenciones.

Confianza. No puede haber cuidado si no existen condiciones de veracidad y mutuo respeto. La confianza es recíproca, las dos partes de la relación necesitan sentirse seguras.

Conciencia. Consiste en darme cuenta de mi «herida» y ser plenamente consciente de la realidad que vive el otro.

Compromiso. Cuidamos desde un compromiso ético profundo, no cuido al otro para yo ser bueno, sino que el hecho de cuidar al otro me humaniza, me compromete como ser humano.

Desde una ética cristiana, afirmamos que somos defensores del cuidado de la vida, y la vida humana es fragilidad.

Debate

10 IN & OUT Desde la ética del cuidado se defiende que cuidar afecta a todas las dimensiones del ser humano. ¿Qué es ser buen sanitario? ¿Solo es aquel que cura la enfermedad?

#interdisciplinar

La **bioética** es la reflexión sobre la conducta humana en los campos de las ciencias biológicas y de la atención de la salud a la luz de principios y valores morales. Se ocupa de los conflictos éticos que se derivan de los avances de la ciencia y la medicina. Se aplica en casos muy concretos que, por sus características, generan debate como, por ejemplo: conflictos entre la voluntad de los pacientes y el criterio de los profesionales, el aborto, la donación de órganos, la eutanasia, la utilización de animales para los experimentos y para probar nuevas medicinas o vacunas... La bioética no determina cuál es el bien, sino que ayuda a las personas implicadas en el conflicto a discernir para que lleguen a un acuerdo a través del diálogo y el respeto.

PRÁCTICA

07 LA RESPUESTA

1 *Visual Thinking*

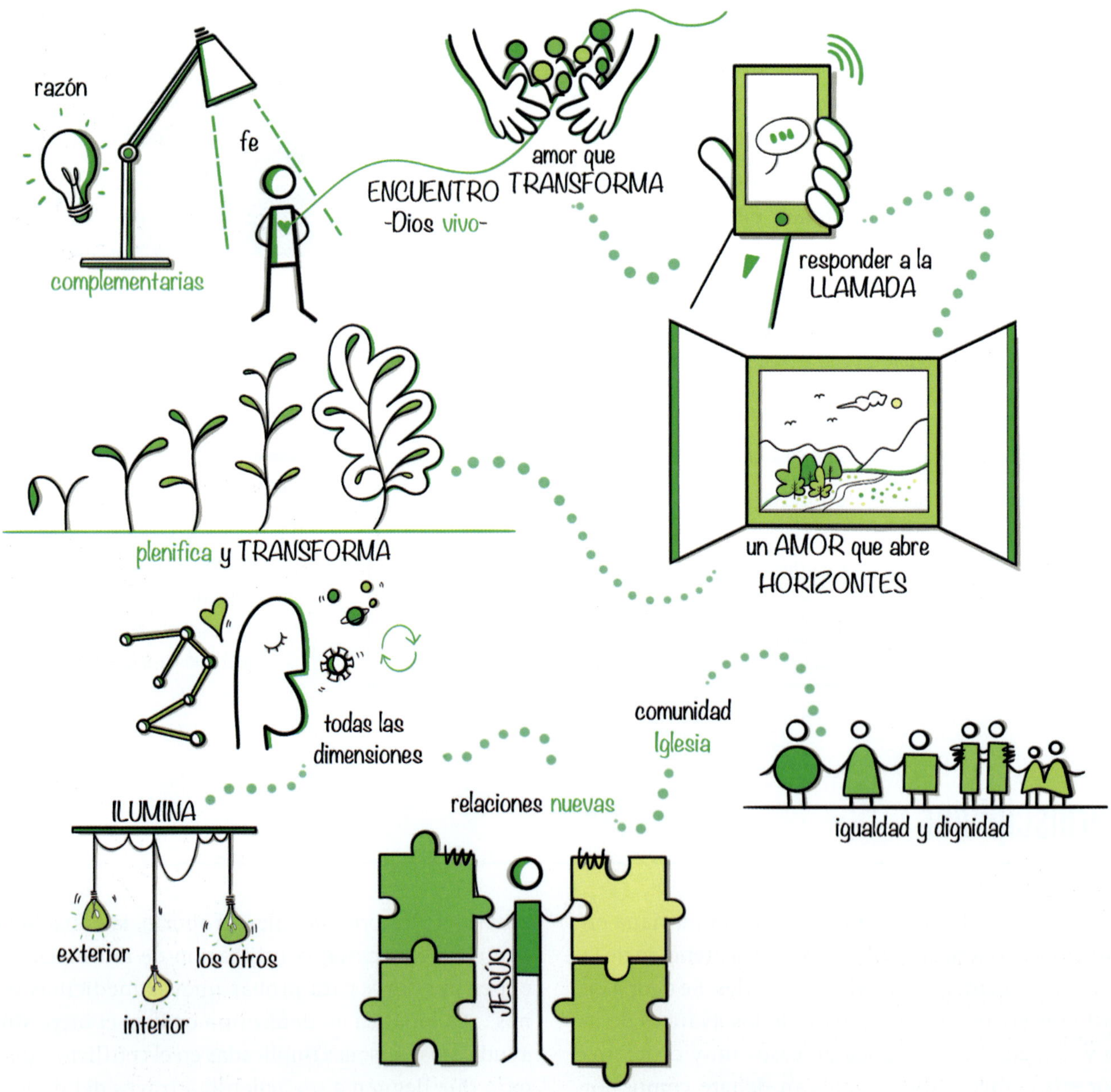

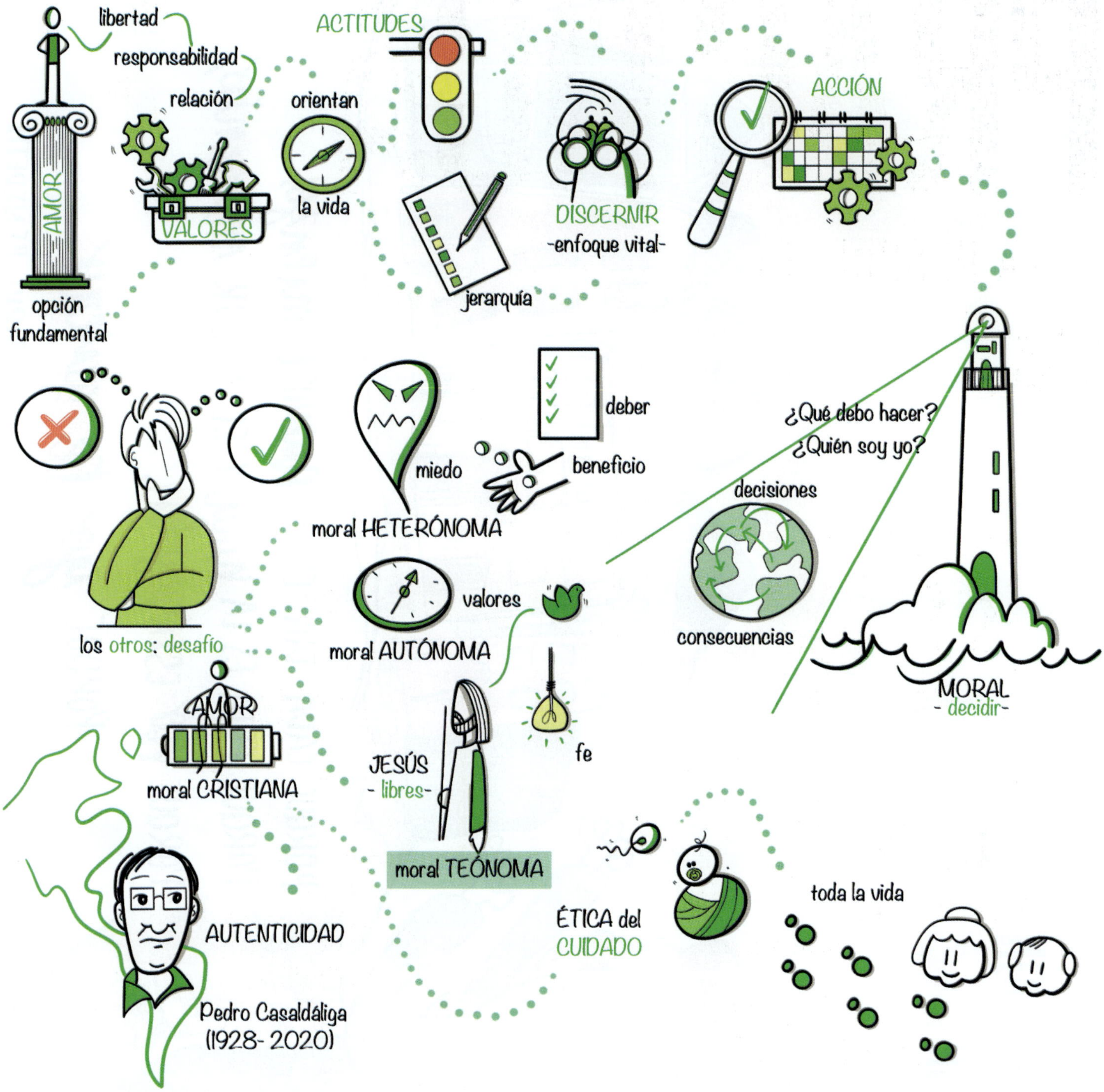

2 Metacognición C

1 Analizo y reflexiono sobre lo aprendido en esta unidad.

1. ¿Qué he aprendido y qué he sentido?
2. ¿Qué ideas de la unidad me han llamado más la atención?
3. ¿Qué creo que tengo que mejorar en mi vida? ¿En qué aspectos tengo que crecer?
4. ¿Qué preguntas me surgen al finalizar la unidad?

08 LA REVOLUCIÓN DEL AMOR

Porque cada día es un nuevo comienzo,
porque esta es la hora y el mejor momento,
porque no estás sola,
porque yo te quiero

Mario Benedetti

UN VIAJE IN & OUT

Este año he realizado un verdadero viaje a mi **interior**. He aprendido, he sentido, he amado, he cambiado... **¡HE VIVIDO!** Siento que ahora todo «encaja» y al final del viaje solo puedo estar **agradecida**.

- *¿Qué sentimientos tienes tú al acabar este curso?*

Las personas con las que he **compartido** el camino, a veces sin ellas saberlo, me han ayudado a descubrirme; sin ellas este viaje no hubiera sido posible. El otro día hablé con Jaime, me dijo que este verano pasaría unas semanas en España. Tengo ganas de verle. No sabe que gracias al mala que me regaló empecé a comprender la importancia de las religiones y a sorprenderme por lo que une a todas ellas. Ernesto se ha convertido en una persona imprescindible en mi vida, gracias a él entendí que la vida es un regalo. Y los testimonios de vida de mi hermano y de mi abuela (no me quito su alianza) me hicieron ser consciente de lo que realmente es importante.

- *Y para ti ¿qué personas han sido fundamentales durante este curso? ¿Qué te han enseñado?*

Me doy cuenta de que no sirve de nada todo lo aprendido y experimentado si no es para mejorar el mundo. Y en esas estoy, intentando hacer del mundo un lugar mejor... Sigo feliz en el voluntariado e intentando ser fiel a mis **valores** cada día. No siempre es fácil, pero tengo claro que no me quiero quedar inmóvil, no quiero ser una espectadora y quiero «complicarme la vida».

- *¿Tú estás haciendo algo para mejorar tu entorno?*

Aquel **Dios** en el que creía ciegamente cuando era niña se empezaba a ocultar demasiado entre la niebla, y este año empiezo a entender y a descubrir a un Dios que me mira con cariño.

- *¿Has descubierto tú también a este Dios?*

Por primera vez siento que estoy preparada para escribir **mi propia *story*** y siento que merecerá la pena, lo que me da mucha alegría.

- *¿Tú te atreves? ¡Seguro que tu* story *también merecerá la pena!*

El viaje continua. Todavía no sé qué haré al año que viene, pero no me agobia. He entendido que lo importante no es tanto saber qué hacer sino cómo hacerlo, y eso ya lo voy teniendo claro. Hoy sé que la única revolución que merece la pena es la **revolución del amor**. Y yo decido amar, amar hasta que duela.

Eva

1 LA BIBLIA, UNA HISTORIA DE AMOR

La Biblia, como hemos visto en estos cuatro cursos, **recoge la revelación de Dios, su darse a conocer a la humanidad,** a través de las experiencias históricas de Israel y de la Iglesia.

San Bernardo de Claraval (1090-1153), monje cisterciense francés, ofrece una clave interesante para entender dicha revelación: es, ante todo, **una historia de amor.** Esta historia de amor se define a través del concepto bíblico de «alianza». Si recordáis, a través de este concepto no solo apuntábamos a una cuestión política, referida a un pacto entre Dios y su pueblo, sino que es, sobre todo, una relación de amor, de encuentros y desencuentros, **entre Dios y la humanidad, entre el Creador y sus criaturas, entre el Padre y sus hijos e hijas.**

Dios revela su rostro a la humanidad, igual que una pareja de enamorados van descubriéndose mutuamente. La alianza es **«conocerse» en la Creación.** Según la Biblia, no hay más causa para la creación del mundo que el amor libre y absolutamente gratuito de Dios. No hay azar ni plan preestablecido, solo amor.

La historia de amor entre Dios y la humanidad no acaba aquí, sino que continúa y se afianza. Dios se revela en la historia de la humanidad y **«comienzan a salir juntos» en Abrahán.** A partir de ahora, Dios acompaña en todo momento a su pueblo. Lo que antes era un sentimiento ahora se convierte en voluntad de amar: «Seré tu Dios y el de tus descendientes» (Gén 17,7b).

Esta historia de amor sigue creciendo. La pareja ya se conoce, han salido juntos y llega el momento del **«compromiso formal» en Moisés.** El signo de esta unión será la alianza del Sinaí: yo, que te liberé de Egipto, soy el Dios de la libertad; si me quieres, nunca oprimas a otros; si haces daño a otros, ese daño acabará volviéndose contra ti.

Y, por fin, tras muchos desencuentros y reconciliaciones, esta bella historia de amor culmina en la **«celebración de la boda» en Jesús,** «Dios con nosotros» (Mt 1,23).

Reflexión y Consolidación

1 IN ¿Cómo definirías el amor? ¿A quiénes amas? ¿Por qué los amas?

2 IN & OUT Recuerda algún pasaje de la Biblia en el que veas reflejado el amor. Compártelo con tus compañeros.

#símbolo

En el cristianismo el **pelícano** es símbolo del amor. Cuando este animal regresa al nido, saca de su pecho con el pico la comida que ha recogido para alimentar a sus crías. Antiguamente se pensaba que se lastimaba a sí mismo al hacer esto. Y del mismo modo que el pelícano, Cristo derramó su sangre y dio su vida por nosotros, sus hijos, por puro amor, como un Padre que cuida, alimenta y da la vida por sus hijos porque los ama. El pelícano aparece en muchas manifestaciones artísticas y en adornos litúrgicos. Benedicto XVI regaló un anillo en el que estaba grabado un pelícano a los obispos asistentes al Sínodo sobre la Eucaristía.

Iglesia de san Ildefonso, Toledo.

2 POR SUS FRUTOS LOS CONOCERÉIS: DOCTRINA SOCIAL DE LA IGLESIA

Como hemos visto, todo nace del amor de Dios por la humanidad. Por lo tanto, los que nos llamamos hijos de Dios debemos tener presente que nuestras obras, nuestros frutos, han de nacer únicamente del **amor,** nuestra opción fundamental. Jesús así lo vivió en su vida y así se lo transmitió a sus discípulos. La Iglesia desde sus inicios estuvo comprometida con aquellos que no tenían voz, con los marginados, con los «nadie» de su sociedad. Este amor debe dar frutos, debe encarnarse en un modo de vida y en unas acciones concretas. Desde aquí entenderemos eso que llamamos **Doctrina Social de la Iglesia** (DSI).

Definimos como DSI a todas aquellas enseñanzas sociales del magisterio de la Iglesia que nacen de la puesta en práctica de la fe cristiana en el mundo actual. Fue el papa León XIII en su encíclica *Rerum novarum* (1891) quien comenzó a preocuparse por las cuestiones sociales y económicas de su época. Y el primero en usar el concepto de *doctrina social* fue el papa Pío XI en la encíclica *Quadragesimo anno* (1931).

Los principios que rigen la DSI son los siguientes:

1. **La dignidad de la persona.** Es fundamento de todos los demás. Si todos somos hijos e hijas de un mismo Padre, todos somos hermanos. Toda persona, por ello, es digna en sí misma y nada hay por encima de esa dignidad.
2. **La solidaridad.** Empeñarnos por el bien común. Todos somos responsables de todos porque pertenecemos a una misma familia, la gran familia de los hijos de Dios. Nuestra opción preferencial son los pobres.
3. **La subsidiariedad.** Las instancias superiores deben ayudar a las inferiores para que puedan conseguir sus objetivos. Es conceder libertad a todo aquel que desea realizar obras buenas, orientadas al bien común, para que las realice y prestarle la ayuda que necesite.
4. **La participación social frente a la lucha.** El cristiano optará siempre por la vía del diálogo y del acuerdo.

La DSI no ofrece un nuevo modelo de sociedad, sino que aporta a cualquier modelo social unos principios éticos básicos desde los que convivir.

Las dos últimas encíclicas sociales han sido publicadas por el papa Francisco: ***Laudato Si'*** (2015) y ***Fratelli tutti*** (2020).

Investigación y Análisis

3 IN C Según tu punto de vista, ¿cuáles son los grandes problemas sociales de la actualidad? ¿Qué papel tiene la Iglesia ante estas situaciones?

4 OUT C ¿Qué organizaciones cristianas conoces en tu ciudad que estén comprometidas con estos problemas sociales?

Las principales encíclicas sociales que conforman la DSI son:

- *Rerum novarum* (1891). Responde a los problemas planteados por la Revolución Industrial.
- *Gaudium et Spes* (1965). Entre otras cosas, trata las desigualdades económicas y sociales y sus raíces.
- *Populorum progressio* (1967). Se centra en el desarrollo y la cooperación entre los pueblos.
- *Sollicitudo rei socialis* (1987). Afirma la continuidad de la doctrina social.
- *Evangelium vitae* (1995). Destaca el valor de la vida humana y de su carácter inviolable.
- *Caritas in veritate* (2009). Entre otros temas, apela al trabajo como actividad para el crecimiento humano.

3 AMOR A LA CREACIÓN

Para la tradición judío-cristiana, decir «creación» es más que decir naturaleza, porque tiene que ver con un proyecto del amor de Dios donde cada criatura tiene un valor y un significado. La naturaleza suele entenderse como un sistema que se analiza, comprende y gestiona, pero la creación solo puede ser entendida como un don que surge de la mano abierta del Padre de todos, como una realidad iluminada por el amor que nos convoca a una comunión universal. (*Laudato Si'* 76)

¿Qué tipo de mundo queremos dejar a quienes nos sucedan? Esta pregunta no hace referencia solo al medio ambiente, sino que nos lleva a interrogarnos sobre el **sentido de la existencia** y los **valores** que fundamentan nuestra vida social.

La crisis ecológica nos llama a una profunda **conversión interior**, a una **espiritualidad ecológica**. Todo intento de cuidar y mejorar el mundo supone cambios profundos en los estilos de vida, en los modelos de producción y de consumo, y en las estructuras consolidadas de poder que rigen la sociedad. El auténtico desarrollo humano posee un carácter moral y supone el pleno respeto a la persona y al mundo natural. La capacidad de transformar la realidad que tiene el ser humano debería desarrollarse siguiendo la misma lógica amorosa de donación con la que Dios genera las cosas.

Esta **conversión ecológica** supone diversas actitudes que se conjugan para movilizar un cuidado generoso y lleno de ternura. Estas actitudes son las siguientes:

- **Gratitud** y **gratuidad.** Un reconocimiento del mundo como un don recibido del amor del Padre que provoca como consecuencia actitudes gratuitas de renuncia y gestos generosos, aunque nadie los vea o los reconozca.
- La amorosa conciencia de no estar desconectados de las demás criaturas, de formar con los demás seres del universo una preciosa **comunión universal.**

Para el creyente, el mundo no se contempla desde fuera sino desde dentro, reconociendo los lazos con los que el Padre nos ha unido a todos los seres. Además, haciendo crecer las capacidades y fortalezas que Dios le ha dado.

La conversión ecológica lleva al creyente a desarrollar su **creatividad** y su **entusiasmo** para solucionar los graves problemas de este mundo. No entiende su superioridad como motivo de gloria personal o de dominio irresponsable, sino como una capacidad diferente que a la vez le impone una gran responsabilidad que brota de su fe.

Sin embargo, no basta con que cada uno sea mejor para resolver una situación tan compleja como la que afronta el mundo actual. A los problemas sociales se responde con redes comunitarias, no con la mera suma de bienes individuales. La conversión ecológica que se requiere para crear un dinamismo de cambio duradero es también una **conversión comunitaria.**

#etimología

ecoteología

La **ecoteología** parte de la premisa de que existe una relación entre las cosmovisiones religiosas-espirituales humanas y el tipo de cuidado de la naturaleza. Identifica las raíces espirituales de las relaciones del ser humano con la naturaleza, y argumenta que la ciencia y la educación simplemente no son suficientes para inspirar el cambio necesario en nuestra actual crisis ambiental. Y explora la interacción entre los valores ecológicos, como la sostenibilidad y la dominación humana de la naturaleza, tratando de esbozar posibles soluciones.

ecoteología

οἶκος	θεος	λόγος
casa	Dios	estudio

Estudio del diálogo entre ecología y teología para buscar soluciones a la problemática ambiental.

Análisis

5 OUT Con tus propias palabras, diferencia los siguientes conceptos:

- Naturaleza y creación.
- Ecología y conversión ecológica.

4 AMOR AL SER HUMANO, FRATERNIDAD UNIVERSAL

No puede ser real un sentimiento de íntima unión con los demás seres de la naturaleza si al mismo tiempo en el corazón no hay ternura, compasión y preocupación por los seres humanos. Desde lo más profundo e íntimo de cada corazón, el amor crea **vínculos** y amplía la existencia cuando saca a la persona de sí misma hacia el otro.

Los humanos estamos hechos **por amor y para el amor.** En cada uno de nosotros hay una ley de plenitud máxima: salir de sí mismo para hallar en el otro un crecimiento de su ser. Por ello, el ser humano está llamado a salir de sí mismo e ir al encuentro de los otros. Nadie madura ni alcanza su plenitud aislándose. Por su propia dinámica, el amor reclama una creciente **apertura**, una mayor capacidad de **acoger** a otros en una aventura nunca acabada que integra a todas las personas hacia un pleno sentido de pertenencia mutua. Así expresó su deseo Jesucristo:

> «Para que todos sean uno, como tú, Padre, en mí, y yo en ti, que ellos también sean uno en nosotros». (Jn 17,21)

El ser humano se desarrolla plenamente en la **entrega** sincera a los demás. El amor que se extiende más allá de las fronteras tiene en su base lo que llamamos **«amistad social»**. Cuando es genuina, esta amistad social dentro de una sociedad es una condición de posibilidad de una verdadera apertura universal. En los dinamismos de la historia, en la diversidad de etnias, sociedades y culturas podemos ver sembrada la vocación de formar una comunidad compuesta de hermanos que se acogen recíprocamente y se preocupan los unos de los otros.

Las distintas religiones ofrecen un aporte valioso para la construcción de la **fraternidad** y para la defensa de la justicia en la sociedad. Los creyentes pensamos que sin una apertura al Padre de todos no habrá razones sólidas para construir la fraternidad. Solo con esta conciencia de hijos que no son huérfanos podemos vivir en **paz** entre nosotros. Porque la razón, por sí sola, es capaz de aceptar la igualdad entre las personas y de establecer una convivencia cívica entre ellas, pero no consigue fundar una fraternidad universal.

> El amor implica entonces algo más que una serie de acciones benéficas. Las acciones brotan de una unión que inclina más y más hacia el otro considerándolo valioso, digno, grato y bello, más allá de las apariencias físicas o morales. El amor al otro por ser quien es nos mueve a buscar lo mejor para su vida. Solo en el cultivo de esta forma de relacionarnos haremos posibles la amistad social que no excluye a nadie y la fraternidad abierta a todos.
>
> Papa Francisco, *Fratelli Tutti*, 94

Investigación y Reflexión

6 OUT C Lee el Objetivo 17 de los ODS (puedes acceder a través del código QR) y contesta. ¿Cuáles son las metas de este objetivo?

7 IN ¿Qué crees que las religiones pueden aportar en esta Alianza Mundial?

#interdisciplinar

La **responsabilidad social corporativa** es una forma de gestionar las empresas e instituciones que nace de su compromiso ético por dirigir toda su actividad desde tres grandes áreas: la sostenibilidad ambiental, el desarrollo social y cumplimiento de los derechos humanos y el buen gobierno. Su punto de partida y meta son los Objetivos de Desarrollo Sostenible (ODS).

5 UN AMOR ENCARNADO

5.1 DIMENSIÓN SEXUAL DEL SER HUMANO

Como ya sabes, somos seres multidimensionales, y la sexualidad es una dimensión fundamental de la persona que, como el resto, también tenemos que desarrollar. Desde esta perspectiva afirmamos que la sexualidad no es algo que tenemos, sino que es algo que **somos.** El cristianismo reivindica la dignidad del cuerpo y el **sentido profundo** de la sexualidad. La sexualidad animal está sujeta al celo, es decir, sujeta a unos ritmos no elegidos por los propios animales: no pueden elegir, no pueden decir sí o no. Sin embargo, la sexualidad humana no está vinculada al celo, sino que en su decir sí o no entran en juego afectos, amor, cariño... entran en juego **valores.**

La vivencia de la sexualidad, que es inherente al ser humano, condiciona la forma de mantener vínculos y las relaciones con el otro. Entender así la sexualidad es enmarcarla dentro del **ámbito relacional** y no del ámbito de la genitalidad. La supuesta «revolución sexual», la cual ha roto con muchos tabúes y miedos y se ha vivido como una verdadera conquista y un progreso, ha reducido la sexualidad a una experiencia placentera que no requiere ningún compromiso afectivo. De este modo, se pierde la profundidad de la dimensión sexual, para convertirse en una respuesta a una urgencia biológica en la que la otra persona aparece solo como un bien de consumo.

Una vivencia profunda de la sexualidad es aquella en la que se privilegia la posibilidad del encuentro. Y para vivirla en toda su riqueza y con pleno sentido, no podemos desligar el lenguaje sexual del **lenguaje afectivo del amor.** Es importante acercarnos a la sexualidad no solo desde la genitalidad, sino como un acontecimiento más profundo. En el acto sexual no solo encontramos un contacto físico sino una **transformación humana,** un crecimiento mutuo, una experiencia de comunión. Por eso urge dotar de sentido espiritual a la sexualidad. Los amantes no se piensan, se desean y **Dios vive en el deseo,** es *eros,* es atracción, es relación, es pasión. Así lo explica de una forma bellísima el poeta místico San Juan de la Cruz: *¡Oh noche que juntaste Amado con amada, amada en el Amado transformada!*

La Organización Mundial de la Salud (OMS) define la sexualidad como «la integración de los **aspectos somáticos, afectivos, intelectuales y sociales** del ser sexuado, de tal modo que de ella se derive el enriquecimiento y el desarrollo de la personalidad humana, la comunicación y el amor».

Investigación y Profundización

8 IN & OUT C En parejas elegid dos canciones actuales que traten el tema de la sexualidad y contestad a las siguientes preguntas:

- ¿Qué imagen de la sexualidad transmiten?
- ¿Reducen la sexualidad al ámbito de la genitalidad y la experiencia placentera o la enmarcan dentro de un ámbito relacional y desde el afecto?
- ¿Qué imagen de la dimensión sexual del hombre y la mujer reflejan?

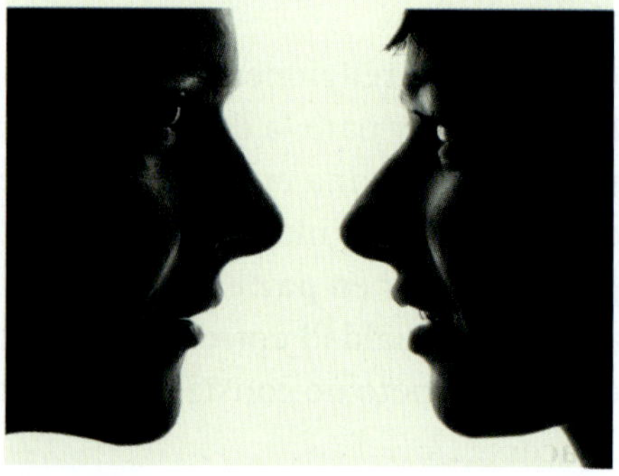

#enseñanzadelaiglesia

Es difícil pensar la educación sexual en una época en la que la sexualidad tiende a banalizarse y a empobrecerse. Solo podría entenderse en el marco de una **educación para el amor**, para la **donación mutua**. De esa manera, el lenguaje de la sexualidad no se ve tristemente empobrecido, sino iluminado. El impulso sexual puede ser cultivado en un camino de autoconocimiento y en el desarrollo de una capacidad de autodominio, que pueden ayudar a sacar a la luz capacidades preciosas de gozo y de encuentro amoroso.

Exhortación apostólica *Amoris Laetitia* (280)

5.2 MORAL SEXUAL

El profesor Javier de la Torre señala cuatro criterios que sustentan una moral sexual católica:

1. Somos un **cuerpo integrado.** Se reivindica el cuerpo como lugar de expresión, de comunicación, de encuentro, de contacto, de relación, de escucha del otro y de acogida. Es límite, es finitud, pero también es posibilidad.
2. **Valoración del placer.** Hablamos de un placer que construye a la persona, un placer que respeta la dignidad humana y se acerca a ella como fin y no como medio. Un placer que se disfruta en la entrega al otro. No hablamos del derecho al placer sino del placer que yo tengo con otros, el placer que me da entregarme a otros, el compromiso del amor.
3. **Primacía del amor.** El amor cristiano tiene rostro, es un amor concreto que saca del anonimato al otro, que habla del otro como de un tú. Es un amor responsable que no niega los impulsos, pero no se queda en ellos; que no niega la biología, la física y la química de nuestra sexualidad, pero que también integra la responsabilidad y la dimensión social.
4. **La fecundidad del amor.** El amor, la sexualidad y los afectos entendidos como un amor fecundo. Una sexualidad que no solo es hacia dentro, sino que es hacia los demás. Un amor fecundo es un amor que engendra **vida** en el sentido más amplio de la palabra; no es solo tener hijos. Juan Pablo II en *Familiaris consortio* dice que «se puede engendrar vida de muchas maneras y por muchas causas».

Reconocer al tú, vincularse con el tú, ayudar a crecer al tú, dar vida al tú, esperar en el tú y, sobre todo, darle también vida, una buena vida, al otro. Es lo que muchos cristianos hemos encontrado en Jesús de Nazaret, que es esperanza, es vida, es Palabra y es, ante todo, un amor entregado.

Javier de la Torre

5.3 UNA RELACIÓN PROFUNDA

De una manera sencilla encontramos en el Génesis el culmen de las **relaciones profundas** en la descripción de la primera «pareja». Ahí aparecen tres movimientos significativos:

- **Dejar**. La relación siempre parte de un *a priori:* el dejar tu origen. Solo dejando podemos empezar un nuevo proyecto. *Dejar* incluye lo físico, lo emocional, lo económico. Dejar lo anterior para comenzar una nueva relación está muy presente en el Nuevo Testamento en las llamadas de Jesús.
- **Unirse.** Implica **todas las dimensiones del ser humano** a través del amor, es un querer crecer juntos, es una nueva relación basada en la pura unidad.
- **Hacerse uno.** No son, por lo tanto, dos mitades que forman un todo, sino dos personas completas que forman **un todo totalmente nuevo.** Vivir esta unidad significa hacerlo desde lo corporal a través de la sexualidad, en lo emocional y en lo espiritual.

Por eso abandonará el varón a su padre y a su madre, se unirá a su mujer y serán los dos una sola carne. Los dos estaban desnudos, Adán y su mujer, pero no sentían vergüenza uno de otro.

Gén 2,24-25

Entendidos así, el amor y la sexualidad permiten al hombre y a la mujer ir más allá de sí mismos y reconocer en su relación un otro personal que los convoca a este amor. A lo largo de nuestra vida, como seres humanos que somos, sentimos la necesidad de amar y ser amados, ese es nuestro mayor deseo. Y a lo largo de nuestra vida, como cristianos que somos, solo anhelamos el encuentro con Dios para que, el último día, **«me bese con los besos de su boca»** (Cant 1,2).

TÚ

La última *story* de la última unidad en el último curso de secundaria solo puede tener un protagonista: tú. A lo largo de estos años hemos conocido a hombres y mujeres cuyas vidas son inspiradoras; historias reales que nos cuestionan, nos ayudan a crecer y no nos dejan indiferentes. El objetivo no es estudiarlos, tampoco imitarlos, lo importante es que sean referentes en tu vida, que sean luz y que te inspiren para escribir tu propia *story*.

Creación

9 IN C Estos son suficientes ejemplos para poder afirmar que **el ser humano es extraordinario** y que la vida es una apasionante aventura que merece la pena vivirla en plenitud. Ahora es tu turno: elabora tu propia *story*. Puedes reflejar en ella tu biografía, quién eres, qué has conseguido hasta ahora, qué metas has alcanzado, qué personas han sido tus referentes...

#FORTALEZA PERSONAL

LA CURIOSIDAD

La curiosidad es una fortaleza relacionada con la virtud de la sabiduría. Consiste en tener un intenso **deseo y motivación por explorar lo que sucede en el mundo,** por encontrar cosas nuevas, temas fascinantes y desafiantes. Esta fortaleza tiene una función importante en la vida de las personas, ya que construye nuestro conocimiento, habilidades, relaciones, experiencia, es decir, edifica nuestra vida. Una persona abierta a estímulos nuevos está expuesta a grados más altos de información y experiencia.

La curiosidad es un elemento importante de la **creatividad.** Nos proporciona emociones positivas, mejora nuestro bienestar diario y es un pilar de búsqueda del sentido de la vida. Provoca una menor dependencia de los autoritarismos, de los estereotipos y del pensamiento dogmático. Y mejora la comprensión de las emociones y las relaciones interpersonales. Las personas más curiosas suelen lograr mejores resultados en los estudios, el trabajo y el deporte, pues dedican más atención a la actividad, procesan la información más profundamente y es más probable que persistan en las tareas hasta conseguir sus metas.

A LA LUZ DE LA PALABRA

Para iluminar la fortaleza de la curiosidad nos vamos a centrar en el Evangelio de Juan. Este Evangelio prácticamente se abre y se cierra con este impulso de búsqueda de importancia decisiva.

> Jesús se volvió y, al ver que lo seguían, les pregunta: **«¿Qué buscáis?».** (Jn 1,38)

> Jesús, sabiendo todo lo que venía sobre él, se adelantó y les dijo: **«¿A quién buscáis?».** (Jn 18,4)

La curiosidad sincera y bien intencionada proporciona la vida. Para los cristianos es una búsqueda con origen y destino en Cristo. La búsqueda adecuada parte del Jesús histórico y lleva al Cristo de la fe o, viceversa, partiendo de Jesucristo busca su enraizamiento en la historia. Es necesario el paso de una fe inicial entusiasmada, que acepta a Jesús como un Mesías profético, a la auténtica confesión adecuada de la fe cristiana que le reconoce como Hijo de Dios.

> «Conoceréis la verdad, y la verdad os hará libres». (Jn 8,32)

Inspiración

10 IN ¿A qué verdad hace referencia la última cita del Evangelio de Juan que aparece en esta página? ¿De qué nos libera?

Entreno IN & OUT C

1. **Reflexiona** sobre tu *story* personal. ¿Cómo me gustaría que continuase? ¿Qué lugares o cosas nuevas me gustaría explorar o hacer?
2. **Comparte** con tus compañeros tu *story* personal y tus expectativas de futuro.
3. **Explora** y **conoce** más sobre las *stories* de tus compañeros y pregúntales sobre sus inquietudes y planes de futuro. ¿Encontramos algunas afinidades con lo que sentimos y deseamos?
4. **Transformamos** nuestros horizontes. ¿Qué nos gustaría lograr como personas? ¿Qué nos gustaría conseguir como sociedad?

Descubre tus fortalezas personales

Justicia

- Trabajo en equipo, civismo
- Sentido de la justicia, imparcialidad
- Liderazgo

Templanza

- Capacidad de perdonar
- Modestia
- Prudencia
- Autocontrol

Trascendencia

- Apreciación de la belleza
- Gratitud
- Esperanza
- Sentido del humor
- Espiritualidad

Valor

- Valentía
- Perseverancia
- Integridad
- Vitalidad

Humanidad

- Amor
- Amabilidad
- Inteligencia social

Sabiduría

- Creatividad
- Curiosidad
- Juicio
- Amor por el aprendizaje
- Perspectiva

PRÁCTICA

08 LA REVOLUCIÓN DEL AMOR

1 Proyecto

Y AHORA... ¿QUÉ?

A lo largo de estos cuatro años hemos vivido y aprendido muchas cosas que nos han ayudado a crecer desde dentro y a abrirnos a los demás con una mirada renovada y un corazón dispuesto al encuentro. Con este proyecto seremos más conscientes de cómo todas las actividades y proyectos realizados en la asignatura de Religión Católica han contribuido a nuestro desarrollo y crecimiento personal.

FASE 1

Dentro de los proyectos de Aprendizaje-Servicio son muy importantes los **procesos de reflexión** y evaluación que se han ido desarrollando. Estos procesos permiten, entre otras cosas, ser conscientes de lo mucho que hemos aprendido con el servicio realizado.

> «No aprendemos tanto de la acción como de la reflexión que hacemos de ella».
>
> John Dewey

Elabora un esquema o mapa personalizado del nivel de desarrollo de tus fortalezas. A través del código QR puedes acceder a un cuestionario de Authentic Happiness de la Universidad de Pensilvania sobre las fortalezas que puedes usar como punto de partida.

Una vez que hayas elaborado el esquema de tus fortalezas, reflexiona.

- ¿Cuáles son tus puntos fuertes?
- ¿En qué fortalezas has crecido más?

FASE 2

Los proyectos de Aprendizaje-Servicio tienen un impacto muy positivo en los siguientes ámbitos: académico-cognitivo, cívico, social, vocacional y profesional, personal y ético-moral. Todo lo aprendido y entrenado cobra pleno sentido si tiene un impacto positivo no solo en tu persona sino también en la sociedad.

Contesta a las siguientes preguntas, teniendo en cuenta tus fortalezas:

- ¿Qué puedes hacer por mejorar tu entorno?
- ¿A qué te comprometes?
- ¿De qué te sientes capaz?

FASE 3

A través de las investigaciones que hemos realizado sobre las necesidades de nuestro entorno, como el estudio realizado sobre los Objetivos de Desarrollo Sostenible, percibimos que los retos a los que nos enfrentamos y su complejidad requieren algo más que la suma de individuales. No basta con que cada uno sea mejor para resolver una situación tan compleja como la que afronta el mundo actual. A los problemas sociales se responde con redes comunitarias de acción.

Vamos a diseñar en grupo un superhéroe o una superheroína que simbolice las fortalezas personales que más destacan en el grupo.

- ¿En qué somos fuertes como grupo?
- ¿Qué podemos aportar como grupo?

A continuación, pensamos a partir de las siguientes preguntas:

- ¿Cómo podríamos continuar o mejorar nuestro proyecto de Aprendizaje-Servicio?
- ¿Sería posible iniciar un nuevo proyecto porque hemos descubierto otras necesidades a las que dar respuesta?

FASE 4

La mejor manera de cerrar un buen proyecto de Aprendizaje-Servicio es celebrando la experiencia vivida. Esto nos permitirá comunicar los resultados a las familias, consolidar los vínculos con las entidades con las que hemos trabajado en red y difundir el trabajo realizado para ser portadores de buenas noticias y esperanza en un futuro mejor.

Vamos a preparar una fiesta de final de curso en la que podamos celebrar la alegría de haber aprendido juntos tantas cosas y de estar dispuestos a cambiar el mundo con todo lo aprendido.

Y ahora... ¿qué? Esta celebración podría ser la oportunidad para anunciar nuestras intenciones futuras. Seguir adelante con nuevos proyectos o pasar el testigo a otro grupo y convertirnos así en agentes sensibilizadores. ¡La decisión es nuestra!